魔幻韩国语
매직 코리안 1 中文版

中文版　31天速成初级韩国语

魔幻韩国语
매직 코리안 1

郭相欣

한글

作者自序
저자의 말

岁月如梭，不知不觉教授韩国语已经有25个年头了。最初，只是单纯地觉得有趣，没想到如今却成了一辈子的职业。之前曾在美国驻韩国大使馆、美国文化中心、西江大学、跨国企业、KAIST（韩国科学技术院）等处任教，也学习了不少其他文化，乐趣无穷。

执教期间，我强烈地感受到作为韩国语一线教师所赋予的神圣使命感，对于来自世界各地热衷于学习我们语言和文化的各国学习者，作为一种回报，我很想为大家做些什么。也正是出于这种责任感，促成我完成本书的写作。

最近，学习韩国语的人日益增多，各类韩国语教材也层出不穷。但是，经常听到有人抱怨难以找到在短时间内既有趣又有效地学习韩国语的书目。正因如此，本书的目标即定为能够让学习者快速、有效且有趣地去自学韩国语，能够让没有经验的老师自如地教授韩国语。本书的题目也因此定为《MAGIC KOREAN（魔幻韩国语）》。

我致力于研究、开发符合本书题旨的教授模式，并对 KAIST 经营研究生院的外国学生进行了示范授课，其结果令人大为吃惊。我也深深地感受到了世宗大王的伟大。一个学期的课程结束以后，学生们就能够用韩国语应对韩国的生活，并能够与韩国朋友进行基本的沟通与交流。

我希望能够与阅读这本书的每一个人一起分享这份喜悦，享受这份收获。也希望这本书能够给渴望学习韩国语的人们送去一份快乐，让他们的生活变得更加丰富多彩！

2012年 10月
郭相欣

어느덧 한국어를 가르친 지 25년이 되었다. 재미있다는 단순한 이유로 시작한 일이 평생의 직업이 되었다. 그동안 미국대사관, 미국문화원, 서강대학교, 다국적기업, 카이스트 등에서 학생들에게 한국어를 가르치면서 그들의 문화를 배우며 즐겁게 일했다.

그 과정을 통해 나는 한국어 교육계 1세대로서의 사명감이 생겼다. 세계 각국에서 우리의 문화와 언어를 알고자 노력하는 그들의 열정에 보답하고 싶다는 생각이 든 것이다. 그리고 이는 이 책을 쓴 계기가 되었다.

최근에는 한국어 학습자들이 늘어나면서 한국어 교재도 많이 출판되었다. 하지만 빠른 시간에 재미있게 효율적으로 한국어를 배울 수 있는 책이 마땅치 않다는 말을 자주 듣게 된다. 따라서 이 책의 목표를 그것으로 정했다. 빠르게, 쉽고 재미있게, 한국어를 혼자서도 공부할 수 있는 책. 또한 경험이 없어도 한국어를 잘 가르칠 수 있는 책. 그래서 책 제목도 《매직 코리안》이라고 하였다. 책 제목에 걸맞은 교수법을 연구하고 개발하여 KAIST 경영대학원의 외국인 학생들을 대상으로 시험 수업을 해 보았다.

결과는 놀라웠다. 세종대왕님의 위대함을 새삼 피부로 느끼게 되었다. 한 학기를 즐겁게 마치고 나면 학생들은 한국에서 생활이 가능할 만큼 한국어를 구사해 낸다. 그리고 한국 친구들과 한국어로 기본적인 의사소통을 한다.

부디, 이러한 효과가 이 책을 읽는 모든 학습자들에게도 있었으면 좋겠다. 이 책이 한국을 사랑하는 많은 사람들의 달콤한 동반자가 되어 그들에게 기쁨을 주고 삶을 더욱 풍요롭게 만들 수 있기를 바란다.

2012년 10월
곽상흔

《魔幻韩国语》的使用方法 《매직 코리안》의 사용법

本书针对韩国语自学者简单、轻松学习韩国语而编写。每天学习30分钟，一个月后，便可以掌握韩国语的基本结构，并进行基本的交流。另外，本书的词汇和语法均以TOPIK（韩国语能力考试）初级大纲要求为准，将有助于大家顺利通过初级能力考试。

1. 情景对话

由日常生活中使用最多的基本对话构成。通过反复阅读，学生可以轻松自然地掌握韩国语的基本结构和语法。另外，本书提供的范例都是基本的对话框架，可以灵活地进行其他词汇的替换练习。

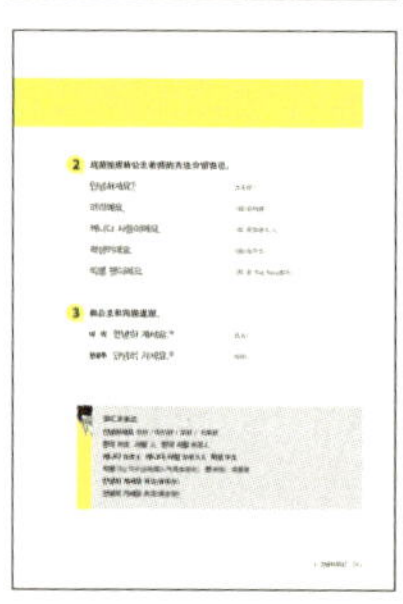

2. 词汇及表达

在阅读对话之前先看单词解释及用法说明。熟读几遍对话，用手遮住，检查自己是否已经熟知各个单词的义项。收录在内的多为考试出题率高的词汇及句型。

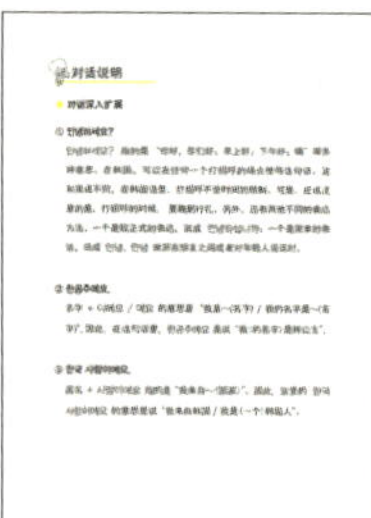

3. 对话说明

模拟教室场景，教师进行教授说明。

4. 语法说明

为便于更好地理解语法，将语法点进行公式化说明，简明、易懂。其难易度循序渐进，逐渐深化。TOPIK初级水平中的所有语法点均有说明。

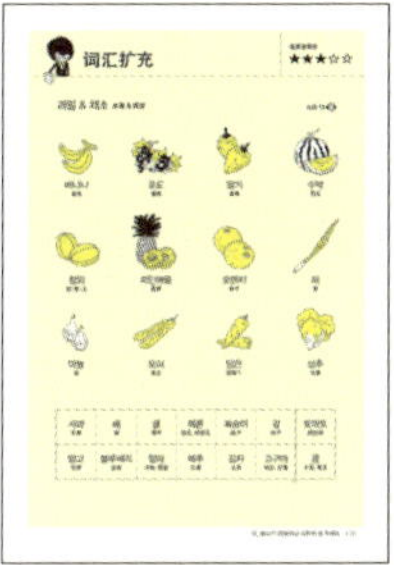

5. 词汇扩充

主要收录与本课主题有关词汇。以词典形式列出，学习者可以根据个人需要进行灵活掌握。补充词汇的重要度等级可参考右上侧星数符号。

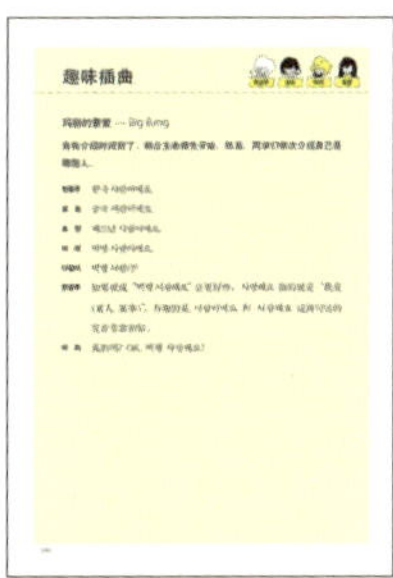

6. 趣味插曲

根据所学内容而编写。学习者学完一个单元的内容之后，通过此趣味小环节，既能够复习，又能够放松！

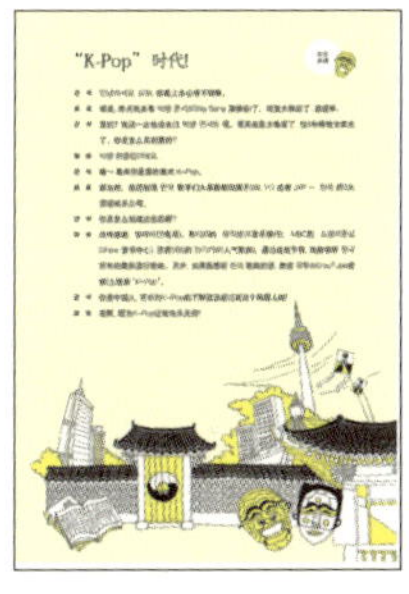

7. 文化点滴

有助于学习者更好地理解韩国文化。文化与语言相辅相成，文化的理解有助于对语言的理解。在了解韩国文化的同时，也能对已学过的词汇进行再次确认。

MP3文档可以在博客或网站免费下载。

HANEON(한언)资料网站 http://www.haneon.com

魔幻韩国语博客 http://blog.naver.com/haneonmagic

이 책은 혼자 공부하는 학습자들이 한국어를 쉽게 습득하고 활용할 수 있도록 구성되었다. 하루에 30분씩, 한 달 동안 책을 반복해서 읽기만 하면 한국어의 기본 구조가 잡히고 기본적인 의사소통을 할 수 있다. 또한, 이 책을 마치면 토픽 초급을 합격할 수 있도록 토픽 초급 필수 어휘와 문법을 포함하였다.

1. 대화

실제적으로 가장 많이 사용하는 기본 대화로 구성하였다. 대화를 반복해서 읽다 보면 한국어의 구조가 자연스럽게 잡히고 문법도 수월하게 터득하게 된다. 제시된 대화는 기본 구조이기 때문에 다른 어휘를 사용해 활용이 가능하다.

2. 어휘와 표현

대화에서 사용된 단어와 표현을 설명한다. 대화를 읽기 전에 한 번 보고 대화를 여러 번 읽은 다음에 손으로 가려 보며 다시 확인하는 것이 좋다. 출제 빈도수가 높은 단어와 표현으로 구성하였다.

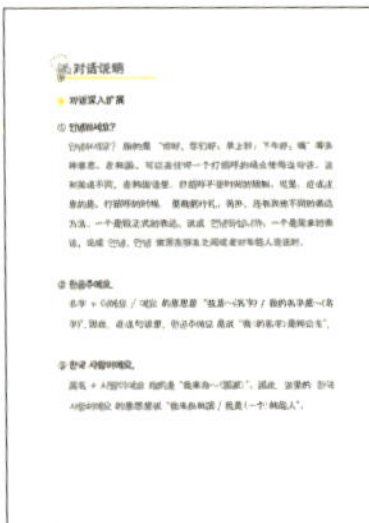

3. 대화 설명

본문 대화에 대해 교실 상황에서와 같은 교사의 명쾌한 설명을 덧붙였다.

4. 문법

문법을 쉽게 접근할 수 있도록 공식화했다. 설명을 명료화해서 문법 학습의 부담을 줄였다. 문법의 난이도가 단계적으로 올라가기 때문에 문법 습득에 무리가 없다. 토픽 초급에 나오는 문법을 모두 포함한다.

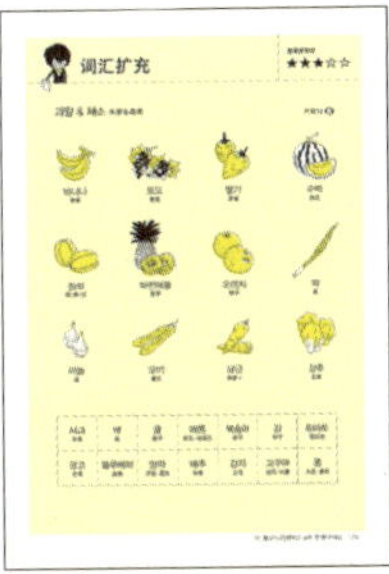

5. 참고 단어

각 과의 주제와 관련된 참고 단어를 수록하였다. 확장해서 말해 보고 싶은 학습자들을 위한 사전 같은 역할을 하는 것이기 때문에 자신에게 필요한 것만 선택해서 외우면 된다.

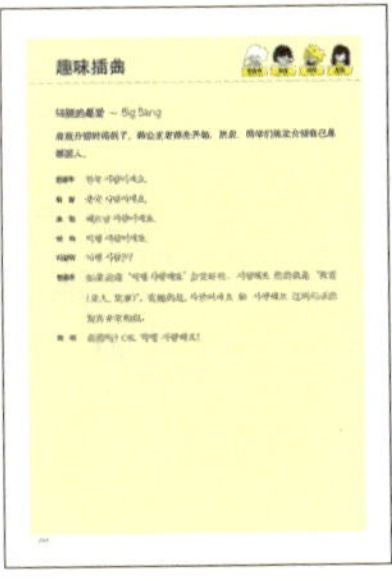

6. 재미있는 에피소드

배운 내용을 이용하여 에피소드를 구성하였다. 에피소드는 학습자들이 한 과를 끝낸 후 배운 내용을 가볍게 확인할 수 있도록 재미있는 상황을 만들어 본 것이다. 에피소드를 읽으며 복습도 하고 휴식도 취할 수 있다.

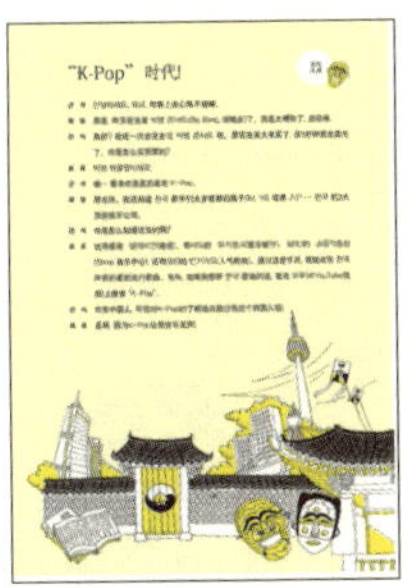

7. 문화

한국어를 이해하는 데 도움이 되는 한국의 문화를 소개한다. 한국 문화를 많이 알면 알수록 한국어 학습도 효율적으로 할 수 있다. 문화 내용을 편안하게 읽으며 배운 한국어 어휘를 확인할 수도 있다.

MP3 파일은 블로그와 홈페이지에서 무료로 다운받을 수 있습니다.

한언 자료실 http://www.haneon.com

매직 코리안 블로그 http://blog.naver.com/haneonmagic

人物介绍
캐릭터 소개

한공주 (29세) 韩公主(29岁)

一个明快、和蔼，颇有人气的韩国语老师。学生只要跟她学习6个月，就能熟练地掌握基础韩国语。她的观点是"只有自己快乐，才能够学得快乐。我是一个幸福大使。"

묘묘 (19세) 苗苗(19岁)

来自中国某个大城市的富有家庭，是一个个性分明、温柔文静的女生。她来韩国是出于对韩剧、K-pop和文化等狂热的喜爱。

마리 (22세) 玛丽(22岁)

喜欢上一个到加拿大学习的韩国交换生，随后跟着他一起来到了韩国。是一个敢于坦率表达爱情的加拿大女生。

히로 (24세) 宽子(24岁)

是东京大学韩国语专业的学生，现暂时休学，他想学习更多的韩国文化。这个初学者，对韩国语满脑子都是疑问，并有着强烈的好奇心。

호영 (25세) 阿香(25岁)

她和姐姐，以及她的韩国姐夫一起生活。因此，她对韩国文化的理解最深刻。

근석 (22세) 根硕(22岁)

玛丽的最爱和良师，是在KAIST学习的学生。不但对美国文化非常了解，而且还精通日语和汉语。他正在和玛丽谈恋爱，但在校园里，在女生新生当中还是小有人气。因K-pop偶像而知名度大增。

유나 (22세) 瑜娜(22岁)

是在KAIST学习的学生，不仅对英语有兴趣，而且对世界各国的许多文化都有着浓厚的兴趣。她的美貌吸引了校园里众多男生的注意，但是她真正的爱却是根硕 — 那个正在跟玛丽谈恋爱的男生。

바트 (30세) 巴特(30岁)

一个IT产业的领导人，来自印度。有着极强的逻辑思维能力，能够准确掌握韩国语的结构及规则等。

피에르 (29세) 皮埃尔(29岁)

一个来自法国的厨师，他受韩国美食的诱惑而来到韩国，对韩国的年糕和米酒有着无限的爱恋。

目录 목차

作者自序 저자의 말

《**魔幻韩国语**》的使用方法 《매직 코리안》의 사용법

人物介绍 캐릭터 소개

韩国语字母 한국어 자음과 모음

基本发音规则 기본 발음 규칙

单元 1 안녕하세요? **040**
你好!

单元 2 이게 뭐예요? **048**
这是什么?

单元 3 이름이 뭐예요? **055**
叫什么名字?

单元 4 오렌지 주스 주세요. **063**
给我一杯橙汁。

单元 5 얼마예요? **071**
多少钱?

单元 6 비빔밥 하나 주세요. **084**
(我)要一份拌饭。

单元 7 어디에 가요? **093**
(你)去哪儿?

单元 8 화장실이 어디에 있어요? **102**
洗手间在哪儿?

单元 9 전화번호가 몇 번이에요? **110**
(你的)电话号码是多少?

单元 10 오늘이 몇 월 며칠이에요? **117**
今天几月几号?

单元 11 지금 몇 시예요? **126**
现在几点?

单元 12 불고기 2인분하고 소주 한 병 주세요. **133**
来两人份烤肉，一瓶烧酒。

单元 13 오늘 뭐 해요? **142**
今天做什么?

单元 14 몇 시에 극장에 가요? **152**
几点去剧院?

单元 15 아침 식사 안 해요. **164**
(我)不吃早饭。

单元 16 한국어가 어때요? **172**
韩国语怎么样?

单元 17 같이 저녁 식사 할까요? **181**
一起吃晚饭，好吗?

单元 18 어떤 음악 좋아해요? **190**
喜欢哪种音乐?

单元 19 공부해야 돼요. **200**
该学习了。

单元 20 이 가방이 누구 거예요? **211**
这个包是谁的?

单元 21 카이스트가 어디에 있어요? **220**
KAIST在哪儿?

单元 22 신촌에 어떻게 가요? **228**
去新村怎么走?

单元 23 회기역에서 지하철 1호선을 타요. **236**
在回基站坐1号线地铁。

单元 24 어제 뭐 했어요? **246**
昨天做什么了?

单元 25 언제 한국에 왔어요? **254**
什么时候来韩国的?

单元 26 이 근처에 맛있는 이태리 식당 있어요? **263**
这附近有好吃的意大利餐厅吗?

单元 27 수영 잘해요? **274**
(你)游泳游得好吗?

单元 28 이번 주말에 뭐 할 거예요? **285**
这个周末要做什么?

单元 29 담배 피우지 마세요. **294**
请不要吸烟。

单元 30 잘 부탁드립니다. **303**
请多多关照!

单元 31 학생 식당은 싸고 맛있어요. **311**
学生食堂又便宜又好吃。

索引 색인

单元学习计划 학습 구성표

	单元	语法	词汇&文化
1	안녕하세요? 你好!	名字 / 名词 + 이에요 / 예요	国名 韩国流行音乐
2	이게 뭐예요? 这是什么?	네 / 예 아니요	教室用品 네(是)
3	이름이 뭐예요? 叫什么名字?	名词 + 이 / 가	职业 个人隐私
4	오렌지 주스 주세요. 给我一杯橙汁。	名词 + 주세요 名词 + 있어요? 名词 + 있어요 名词 + 없어요	饮品 韩国米酒
5	얼마예요? 多少钱?	韩国汉字数字 + 원 韩国汉字数字	韩国货币&必需品 女性称谓
6	비빔밥 하나 주세요. (我)要一份拌饭。	韩国固有数字 + 名量词 개 / 잔 / 병 / 명 / 살 韩国汉字数字 + 名量词 인분 / 번 / 층 / 호 韩国固有数字	韩国饮食 韩国餐桌礼仪
7	어디에 가요? (你)去哪儿?	地点名词 + 에	场所名称 韩式桑拿浴
8	화장실이 어디에 있어요? 洗手间在哪儿?	名词 + (으)로	首尔景点 迪厅日
9	전화번호가 몇 번이에요? (你的)电话号码是多少?	몇 + 名量词	电话常用语 智能手机文化
10	오늘이 몇 월 며칠이에요? 今天几月几号?	韩国汉字数字 + 월 韩国汉字数字 + 일 韩国汉字数字 + 년	月份&韩国节假日 生日宴会
11	지금 몇 시예요? 现在几点?	韩国固有数字 + 시 韩国汉字数字 + 분	电视节目 时间观念

12	불고기 2인분하고 소주 한 병 주세요. 来两人份烤肉，一瓶烧酒。	名量词一览 名词 + 하고 + 名词	水果&蔬菜 续添小菜
13	오늘 뭐 해요? 今天做什么?	名词 + 을 / 를 地点名词 +에서 动词 ㄷ 的不规则变化	基本动词 咖啡文化
14	몇 시에 극장에 가요? 几点去剧院?	时间名词 + 에 动词词干 + (으)ㄹ 수 있다 动词词干 + (으)ㄹ 수 없다 动词词干 + 아 / 어 / 여요	一周七天的表达方法 & 日常生活 北村博物馆
15	아침 식사 안 해요. (我)不吃早饭。	안 + 动词	食物 & 厨房用具 炒年糕
16	한국어가 어때요? 韩国语怎么样?	名词 + 이 / 가 어때요? — 的不规则变化 ㅂ 的不规则变化 词干 + 지 않다	形容词1 韩国男人
17	같이 저녁 식사 할까요? 一起吃晚饭，好吗?	动词词干 + (으)ㄹ까요? 무슨 + 名词	演出 & 乐器 请客
18	어떤 음악 좋아해요? 喜欢哪种音乐?	어떤 + 名词 名词 + 도 动词词干 + 고 싶다 어느 + 名词	体育运动 & 电影体裁 & 四季 追星文化
19	공부해야 돼요. 该学习了。	못 + 动词 动词词干 + 아 / 어 / 여야 돼요 动词词干 + 아 / 어 / 여야 해요 动词词干 + (으)세요	学生生活 送货 & 快递服务
20	이 가방이 누구 거예요? 这个包是谁的?	누구 / 누가 名词 + 은 / 는	疑问代词 情侣系列
21	카이스트가 어디에 있어요? KAIST在哪儿?	地名 + (이)요 动词词干 + 아 / 어 / 여 주세요	地点和位置 & 家族 韩国语的称谓
22	신촌에 어떻게 가요? 去新村怎么走?	名词 + (으)로 A에서 B까지 (时间) 걸리다	交通工具 大众交通

23	회기역에서 지하철 1호선을 타요. 在回基站坐1号线地铁。	−에서 −을 / 를 타요 −에서 −을 / 를 갈아타요 −에서 내려요 动词词干 + 고 动词词干 + (으)면	道(省)／城市 UNESCO世界文化遗产
24	어제 뭐 했어요? 昨天做什么了?	动词词干 + 았 / 었 / 였어요 名词 + 와 / 과 + 名词	日常用品 流行语
25	언제 한국에 왔어요? 什么时候来韩国的?	时间名词 + 전에 时间名词 + 후에 / 뒤에 人 + 한테(서)	爱情 特殊庆祝方式
26	이 근처에 맛있는 이태리 식당 있어요? 这附近有好吃的意大利餐厅吗?	形容词词干 (으)ㄴ / 는 + 名词 动词词干 + 아 / 어 / 여 보다 动词词干 + (으)러 ㄹ 的不规则变化 ㅎ 的不规则变化	形容词2 & 颜色 韩国人的迷信
27	수영 잘해요? (你)游泳游得好吗?	名词 + 만 名词 + 은 / 는요? 名词 + 도요 副词	副词 韩国的夜生活
28	이번 주말에 뭐 할 거예요? 这个周末(你)要做什么?	动词词干 + (으)ㄹ 거예요 (时间1)부터 (时间2)까지 时间 + 동안	兴趣 练歌房
29	담배 피우지 마세요. 请不要吸烟。	动词 / 形容词词干 + (으)세요 动词词干 + 지 마세요 名词 + 마다	身体部位名称 饮酒文化
30	잘 부탁드립니다. 请多多关照!	郑重而礼貌的收尾方式 动词词干 + 고 있다	公司职位 表达方式
31	학생 식당은 싸고 맛있어요. 学生食堂又便宜又好吃。	复句	人物描写 韩国人的情

介绍

1443年, 世宗大王创制韩文,
方便了人们的阅读与书写。

韩国语字母 한국어 자음과 모음

1. 介绍

① 韩文，1443年由世宗大王创制，是世界上唯一一个由拥有显赫地位的人物所创建的书写系统。我们可以在光化门广场看到世宗大王的雕像，也可以在1万韩元纸币的正面领略他的风采。

② 韩文是世界上最科学的书写系统之一，能表达出上万种声音的组合。

▲世宗大王(1397-1450)

③ 韩文承载的意义与儒家哲学有关，其元音系统表达着对宇宙万象的理解。

④ 韩文元音代表着儒教思想中关于宇宙观的三个基本要素。就像变魔术一样，这三个要素交叉组合，共组合出21个元音。

⑤ 韩文辅音模仿各个发音器官的形状，代表着舌、唇和喉发音时的位置。

·：天	—：地	ㅣ：人

2. 韩国语字母

韩国语字母共由40个字母组成。

10个基本元音

ㅏ ㅑ ㅓ ㅕ ㅗ ㅛ ㅜ ㅠ ㅡ ㅣ

11个复合元音

ㅐ ㅒ ㅔ ㅖ ㅘ ㅙ ㅚ ㅝ ㅞ ㅟ ㅢ

14个基本辅音

ㄱ ㄴ ㄷ ㄹ ㅁ ㅂ ㅅ ㅇ ㅈ ㅊ ㅋ ㅌ ㅍ ㅎ

5个双辅音

ㄲ ㄸ ㅃ ㅆ ㅉ

3. 音素

① 元音

口腔中舌头的位置决定每个元音的发音。

下面让我们根据下图练习元音的发音。

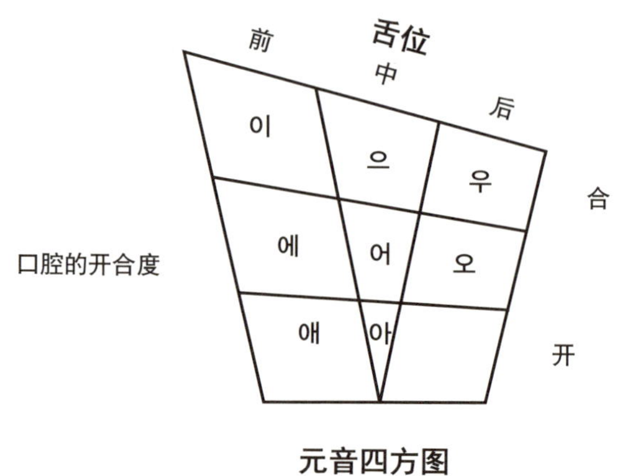

元音四方图

发音

	前	中	后
高	① ㅣ [i]	④ ㅡ [eu]	
中	② ㅔ [e]	⑤ ㅓ [eo]	⑦ ㅜ [u]
低	③ ㅐ [ae]	⑥ ㅏ [a]	⑧ ㅗ [o]

★1 按照标注的数字进行练习，有助于快速记忆。

★2 在韩国语里，靠听觉是很难分辨出 ㅔ 和 ㅐ 的。尽管如此，我们仍然能够区别出这两个字母的不同，因为可以用它们拼写出不同的单词。比方说，게 指的是"螃蟹"，而 개 指的是"狗"；네 是"你"，而 내 是"我"。

口腔内舌位

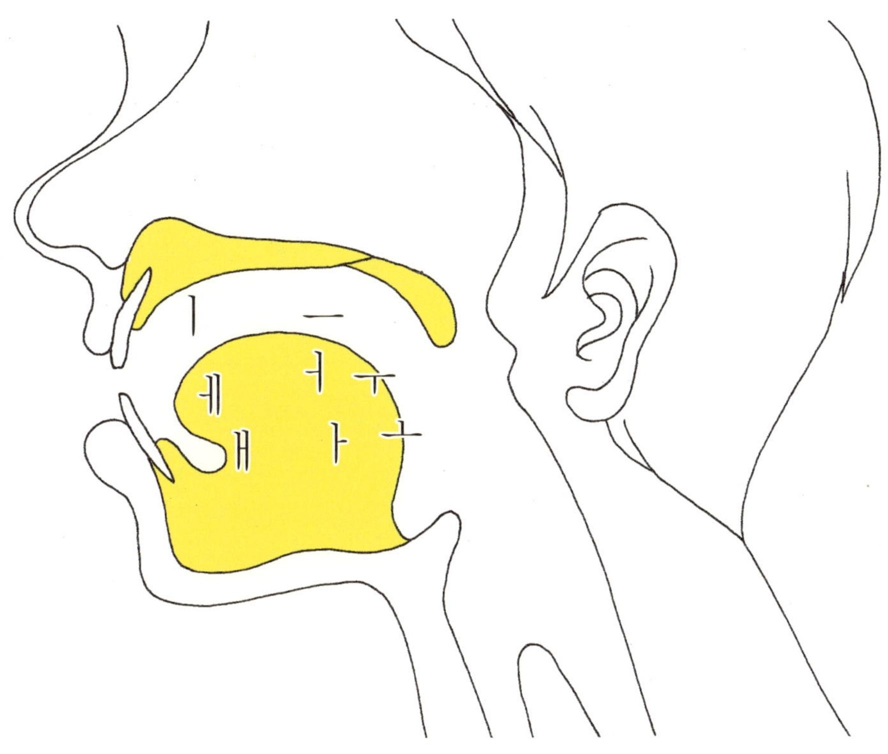

② **魔幻图表**

复合元音是由基本元音组合而成。下面这张"魔幻图表"将有助于我们快速理解这种元音组合。

ㅣ				ㅡ			ㅢ
i				eu			ㅡ+ㅣ ui

ㅔ	ㅖ	ㅞ	ㅓ	ㅕ	ㅝ	ㅜ	ㅠ	ㅟ
e	ㅣ+ㅔ ye [ㅕ+ㅣ]	ㅜ+ㅔ we	eo	ㅣ+ㅓ yeo	ㅜ+ㅓ weo	u	ㅣ+ㅜ yu	ㅜ+ㅣ wi

ㅐ	ㅒ	ㅙ	ㅏ	ㅑ	ㅘ	ㅗ	ㅛ	ㅚ
ae	ㅣ+ㅐ yae [ㅑ+ㅣ]	ㅗ+ㅐ wae	a	ㅣ+ㅏ ya	ㅗ+ㅏ wa	o	ㅣ+ㅗ yo	ㅗ+ㅣ oe

〈魔幻图表〉

③ 辅音

　　韩文中的基本辅音是在模仿各个主要发音器官形状的基础上加以创制的。

主要发音器官的音位

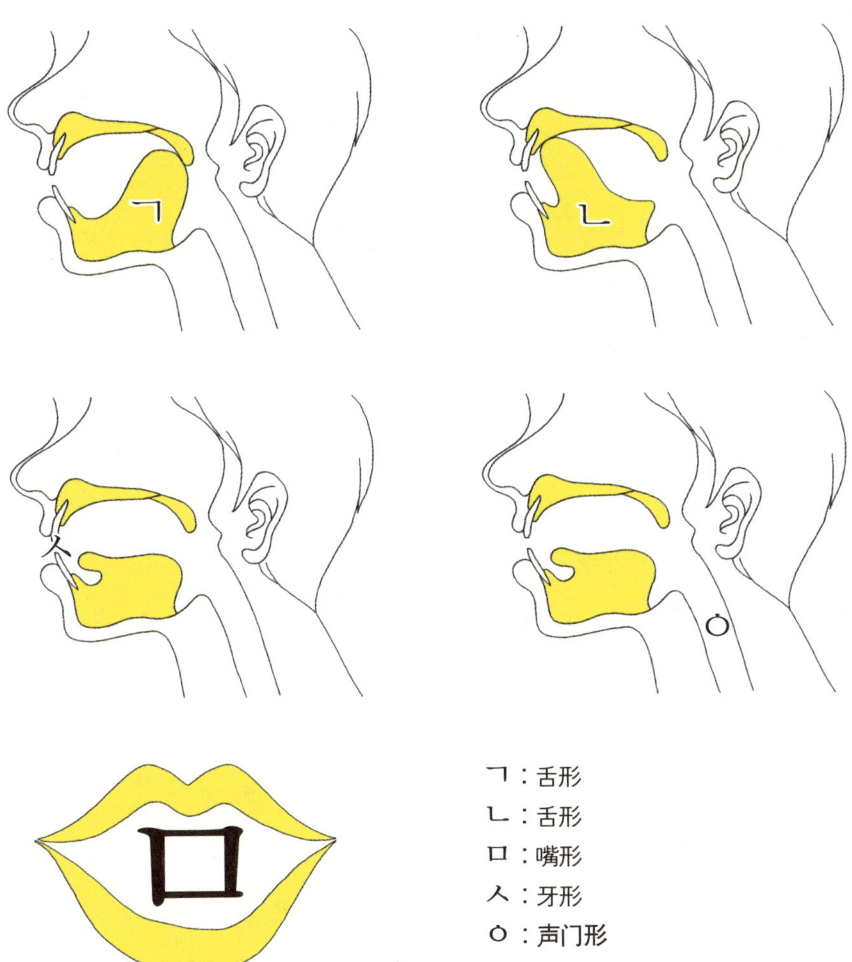

ㄱ：舌形
ㄴ：舌形
ㅁ：嘴形
ㅅ：牙形
ㅇ：声门形

辅音发音

ㄱ	ㄴ	ㄷ	ㄹ	ㅁ	ㅂ	ㅅ	ㅇ	ㅈ	ㅎ	
g/k	n	d	r/l	m	b	s	ng	j	h	
ㅋ		ㅌ			ㅍ			ㅊ		清音
k		t			p			ch		
ㄲ		ㄸ			ㅃ	ㅆ		ㅉ		紧音
kk		dd			bb	ss		jj		

가[ga] 나[na] 다[da] 라[ra] 마[ma] 바[ba] 사[sa] 아[a]　　发音

자[ja] 차[cha] 카[ka] 타[ta] 파[pa] 하[ha]

가[ga] 카[ka] 까[kka]

다[da] 타[ta] 따[tta]

바[ba] 파[pa] 빠[ppa]

사[sa] 싸[ssa]

자[ja] 차[cha] 짜[jja]

④ 收音

在一个音节中，若辅音出现在收音的位置上，则部分辅音的发音
会发生变化。韩国语的14个辅音，可做27个收音，但在收音的位置
上，只发为7个音。这7种有代表性的发音以及辅音在收音位置时如

"

何变音，请参见下表。

ㄱ(ㅋ)	ㄴ	ㄷ(ㅅ, ㅈ, ㅊ, ㅌ, ㅎ)	ㄹ	ㅁ	ㅂ(ㅍ)	ㅇ
k	n	d	l	m	b	ng

如上所述，ㄱ，ㄴ，ㄷ，ㄹ，ㅁ，ㅂ，ㅇ 是7个有代表性的收音发音。当出现在一个音节的收音位置上时，列表中7个代表音后括弧中的音将被发成其前的代表音。例如：ㅋ 出现在收音位置上时，应发成ㄱ。与此类似，ㅅ，ㅈ，ㅊ，ㅌ，ㅎ 在收音位置上时，均发成ㄷ，如此类推。

4. 音节的构成

在韩国语里，音节的构成有下列四种方式。

① 元音单独构成

元音能单独构成一个个音节。此时，将 ㅇ 置于元音之前，只起添加作用，不起发音作用。

纵向添加：이, 에, 애, 어, 아, 예, 얘, 여, 야

横向添加：으, 우, 오, 유, 요

组合添加：위, 외, 웨, 왜, 와, 워, 의

② **辅音 + 元音**

纵向添加：가, 너, 대, 벼

横向添加：고, 소, 초, 표

组合添加：과, 뒤, 줘, 최

③ **辅音 + 元音 + 辅音**

한, 국, 강, 산

④ **辅音 + 元音 + 辅音 + 辅音**（详细的说明，请看34页。）

这是一种有双收音（双韵尾）的情况。此时也同样仅发其代表音。

넋, 앉, 찮, 낡, 젊, 넓, 핥, 읊, 곯, 값

5. 发音组合练习表

	ㄱ	ㄴ	ㄷ	ㄹ	ㅁ	ㅂ	ㅅ	ㅇ	ㅈ	ㅊ	ㅋ	ㅌ	ㅍ	ㅎ
ㅏ	가	나	다	라	마	바	사	아	자	차	카	타	파	하
ㅑ	갸	냐	댜	랴	먀	뱌	샤	야	쟈	챠	캬	탸	퍄	햐
ㅓ	거	너	더	러	머	버	서	어	저	처	커	터	퍼	허
ㅕ	겨	녀	뎌	려	며	벼	셔	여	져	쳐	켜	텨	펴	혀
ㅗ	고	노	도	로	모	보	소	오	조	초	코	토	포	호
ㅛ	교	뇨	됴	료	묘	뵤	쇼	요	죠	쵸	쿄	툐	표	효
ㅜ	구	누	두	루	무	부	수	우	주	추	쿠	투	푸	후
ㅠ	규	뉴	듀	류	뮤	뷰	슈	유	쥬	츄	큐	튜	퓨	휴
ㅡ	그	느	드	르	므	브	스	으	즈	츠	크	트	프	흐
ㅣ	기	니	디	리	미	비	시	이	지	치	키	티	피	히

6. 阅读练习

读下列生词，并熟记其意。

① 国家名称

프랑스	스위스	캐나다	필리핀	인도네시아
法国	瑞士	加拿大	菲律宾	印度尼西亚

② 城市名称

서울 首尔

뉴욕 纽约

런던 伦敦

도쿄 东京

워싱턴 华盛顿

③ 食物名称

    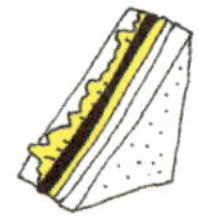

바나나	주스	커피	파인애플	샌드위치
香蕉	果汁	咖啡	菠萝	三明治

④ **事物名称**

버스
公共汽车

택시
出租车

피아노
钢琴

디지털카메라
数码相机

컴퓨터
电脑

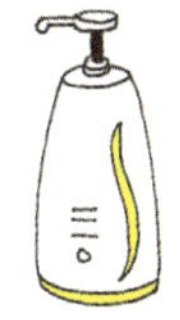

샴푸
洗发香波

⑤ **品牌名称**

삼성 三星

아이폰 苹果手机

스타벅스 星巴克

맥도날드 麦当劳

버거킹 汉堡王

설화수 雪花秀

7. 书写练习

书写规则：自上而下，从左到右。

① 모음

ㅏ	ㅏ		ㅛ	ㅛ	
ㅑ	ㅑ		ㅜ	ㅜ	
ㅓ	ㅓ		ㅠ	ㅠ	
ㅕ	ㅕ		ㅡ	ㅡ	
ㅗ	ㅗ		ㅣ	ㅣ	

★ 在纵向添加的音节中，将 ㄱ 形写成 ㄱ。

ㄱ　ㄱ　　ㅇ　ㅇ
ㄴ　ㄴ　　ㅈ　ㅈ
ㄷ　ㄷ　　ㅊ　ㅊ
ㄹ　ㄹ　　ㅋ　ㅋ
ㅁ　ㅁ　　ㅌ　ㅌ
ㅂ　ㅂ　　ㅍ　ㅍ
ㅅ　ㅅ　　ㅎ　ㅎ

基本发音规则 기본 발음 규칙

韩国语的发音规则是为了发音方便而制定，因此，无须特意背以下规则，在使用中会自然而然地熟悉并掌握。(韩国人也不太清楚这些规则!)

1. 代表音

在一个音节中，若以辅音为收音时，则要发成下表中7个代表音。

辅音	代表音
ㄴ	ㄴ [n]
ㄹ	ㄹ [l]
ㅁ	ㅁ [m]
ㅇ	ㅇ [ng]
ㄱ, ㄲ, ㅋ	ㄱ [k]
ㅂ, ㅍ	ㅂ [b]
ㄷ, ㅌ, ㅅ, ㅆ, ㅈ, ㅊ, ㅎ	ㄷ [d]

① 각 → [각, gak]

각 → [각]

갂 → [각]

② 갑 → [갑, gab]

갚 → [갑]

③ 갇 → [갇, gad]

같 → [갇]

갓 → [갇]

갔 → [갇]

갖 → [갇]

갗 → [갇]

갛 → [갇]

2. 连音

若一个音节以辅音收尾，后续音节以元音开始，则此收音移到下一音节的起始位置与其连读。

① 이름이 → [이르미]　　② 직업이 → [지거비]

③ 사람이에요 → [사라미에요]　　④ 있어요 → [이써요]

3. 紧音化

若一个音节以 ㄱ, ㄲ, ㅋ, ㄷ, ㅌ, ㅍ, ㅅ, ㅆ, ㅈ, ㅊ 中任意一个辅音收音，而后续音节以 ㄱ, ㄷ, ㅂ, ㅅ, ㅈ 中任意一个辅音开始，则第二个音节的首辅音变紧音。

① 막걸리 → [막껄리]

② 식당 → [식땅]

③ 엽서 → [엽써]

④ 맥주 → [맥쭈]

⑤ 옷장 → [옫짱]

4. 辅音同化

若一个音节以 ㄱ, ㄲ, ㅋ, ㄷ, ㅌ, ㅂ, ㅍ, ㅅ, ㅆ, ㅈ, ㅊ 中任意一个辅音收音，而后续音节以 ㄴ, ㅁ 为首辅音，则第一个音节的收音需根据下表的规则发生变音。

ㄱ, ㅋ, ㄲ → ㅇ
ㅂ, ㅍ → ㅁ
ㄷ, ㅌ, ㄸ, ㅅ, ㅆ, ㅈ, ㅊ, ㅎ → ㄴ

① 한국말 → [한궁말]

② 박물관 → [방물관]

③ 죄송합니다 → [죄송함니다]

④ 작년 → [장년]

⑤ 끝나다 → [끈나다]

5. 送气化

若辅音 ㄱ, ㄷ, ㅂ, ㅈ 与 ㅎ 相连(无论其前或其后)，则其辅音分别变为送气音 ㅋ, ㅌ, ㅍ, ㅊ。

① 좋고 → [조코]

② 좋다 → [조타]

③ 좋지 → [조치]

④ 밥하고 → [바파고]

⑤ 축하해요 → [추카해요]

魔幻韩国语
매직 코리안

안녕하세요? 你好!

学习目标 | 打招呼
韩国文化 | K-Pop

 ## 情景对话　片段1

1 韩公主老师进行自我介绍。

안녕하세요?①　　　　　　　　大家好!

한공주예요.②　　　　　　　　(我)是韩公主。

한국 사람이에요.③　　　　　　(我)是韩国人。

2 **玛丽按照韩公主老师的方法介绍自己。**

안녕하세요?	大家好！
마리예요.	(我)是玛丽。
캐나다 사람이에요.	(我)是加拿大人。
학생이에요.	(我)是学生。
빅뱅 팬이에요.	(我)是 Big Bang 粉丝。

3 **韩公主和玛丽道别。**

마 리	안녕히 계세요.④	再见！
한공주	안녕히 가세요.⑤	再见！

词汇及表达

안녕하세요 你好 / 你们好 / 您好 / 大家好
한국 韩国　**사람** 人　**한국 사람** 韩国人
캐나다 加拿大　**캐나다 사람** 加拿大人　**학생** 学生
빅뱅 Big Bang(韩国人气男生组合)　**팬** 粉丝，追星族
안녕히 계세요 再见(请留步)
안녕히 가세요 再见(请走好)

对话说明

● 对话深入扩展

① 안녕하세요?

안녕하세요? 指的是 "你好，你们好；早上好；下午好；嗨" 等多种意思。在韩国，可以在任何一个打招呼的场合使用这句话。这和英语不同，在韩国语里，打招呼不受时间的限制。可是，应该注意的是，打招呼的时候，要鞠躬行礼。另外，还有其他不同的表达方法。一个是较正式的表达，说成 안녕하십니까；一个是简单的表达，说成 안녕。안녕 常用在朋友之间或者对年轻人说话时。

② 한공주예요.

名字 + 이에요 / 예요 的意思是 "我是~(名字) / 我的名字是~(名字)"。因此，在这句话里，한공주예요 是说 "我(的名字)是韩公主"。

③ 한국 사람이에요.

国名 + 사람이에요 指的是 "我来自~(国家)"。因此，这里的 한국 사람이에요 的意思是说 "我来自韩国 / 我是(一个)韩国人"。

④ **안녕히 계세요.**

안녕히 指的是 "平安地"，계세요 指的是 "请留下"。因此，组合起
来的意思是说 "请留步"。在离开时，对留下的人使用这种表达方法。

⑤ **안녕히 가세요.**

가세요 指的是 "请走"。因此 안녕히 가세요 的意思是说 "请走好 /
请慢走"。留下的人对要离开的另一个人使用这种表达方法。

语法说明

● 名字 / 名词 + 이에요 / 예요 : (我)是～ / (这)是～

在介绍或说明某人某物时，用 -이에요 或 -예요。此时，主语常省略不说。名词以辅音收音时，用 -이에요；以元音收尾时，则用 -예요。注意在名词与 -이에요 或 -예요 之间没有空格。

辅音收尾 + 이에요	元音收尾 + 예요

- 한국사람이에요.　　　我是韩国人。
- 묘묘예요.　　　我是苗苗。
- 펜이에요.　　　这是钢笔。
- 컴퓨터예요.　　　这是电脑。
- 아이스크림이에요.　　　这是冰淇淋。
- 주스예요.　　　这是果汁。

词汇扩充

重要度等级
★★★☆☆

나라 이름 国名

한국
韩国

일본
日本

중국
中国

인도
印度

필리핀
菲律宾

미국
美国

캐나다
加拿大

멕시코
墨西哥

브라질
巴西

이집트
埃及

프랑스
法国

독일
德国

영국
英国

스페인
西班牙

이탈리아
意大利

태국
泰国

베트남
越南

러시아
俄罗斯

뉴질랜드
新西兰

호주
澳大利亚

趣味插曲

玛丽的最爱 — Big Bang

自我介绍时间到了。韩公主老师先开始，然后，同学们依次介绍自己是哪国人。

한공주　한국 사람이에요.

묘 묘　중국 사람이에요.

흐 엉　베트남 사람이에요.

마 리　빅뱅 사람이에요.

다같이　빅뱅 사람???

한공주　如果说成 "빅뱅 사랑해요" 会更好些。사랑해요 指的就是 "我爱（某人，某事）"。有趣的是，사람이에요 和 사랑해요 这两句话的发音非常相似。

마 리　真的吗? OK. 빅뱅 사랑해요!

"K-Pop" 时代!

근 석　안녕하세요. 묘묘, 你看上去心情不错嘛。

묘 묘　那是, 昨天我去看 빅뱅 콘서트(Big Bang 演唱会)了。简直太精彩了, 超级棒。

근 석　真的? 我还一次也没去过 빅뱅 콘서트 呢。票实在是太难买了, 仅5秒钟就全卖光了。你是怎么买到票的?

묘 묘　빅뱅 팬클럽이에요.

근 석　噢～ 看来你是真的喜欢 K-Pop。

묘 묘　那当然。我还知道 한국 歌手们大多数都归属于SM, YG 或者 JYP — 한국 的3大顶级娱乐公司。

근 석　你是怎么知道这些的啊?

묘 묘　这得感谢 텔레비전(电视)。有KBS的 뮤직뱅크(音乐银行), MBC的 쇼음악중심(Show 音乐中心), 还有SBS的 인기가요(人气歌曲)。通过这些节目, 我能收听 한국 所有的最新流行歌曲。另外, 如果我想听 한국 歌曲的话, 就在 유투브(YouTube视频)上搜索 "K-Pop"。

근 석　你是中国人, 可你对K-Pop的了解远远超过我这个韩国人啦!

묘 묘　是啊, 因为K-Pop让我快乐无穷!

이게 뭐예요? 这是什么?

学习目标丨询问物品
韩国文化丨네 的多种用法

 ## 情景对话 片段 2

1 宽子想知道这可爱的小东西是什么。

| 히 로 | 이게 뭐예요?① | 这是什么? |
| 근 석 | 엠피스리예요. | 这是MP3。 |

2 宽子不相信这是MP3。

| 히 로 | 그게 엠피스리예요? | 那是MP3吗? |

근 석   네, 엠피스리예요.②   是的，是MP3。

3 宽子以为是个U盘。

히 로   저게 유에스비예요?   那是U盘吗？

근 석   아니요, 엠피스리예요.   不是，那是MP3。

词汇及表达
이게 这; 这个〔指主语〕 **뭐** 什么
이게 뭐예요? 这是什么?
그게 它, 那个〔指主语〕
저게 那; 那个东西〔指主语〕
엠피스리 MP3
유에스비 U盘

对话说明

● **对话深入扩展**

① **이게 뭐예요?**

이게 指的是"这个东西(指主语)"，是 이것이 的缩略语。이것 指的是"这个东西"，后面的 이 是一个主格标志词。另外，뭐 是"什么"的意思。因此，合在一起 이게 뭐예요? 的意思是"这(东西)是什么?"，그게 뭐예요? 是说"它是什么?"，而 저게 뭐예요? 则是说"那(东西)是什么?"

② **네**

네 意味着"是"。 另外，예 也是"是"的意思，但是，比较起来，네 更常用。

语法说明

● **네 / 예 : 是，是的**
아니요 : 不，不是

네 或 예 意味着一个肯定的回答，类似于"是"；而 아니요 则意味着一个类似于"不"的否定回答。

마 리 일본 사람이에요?	(你)是日本人吗?
히 로 네, 일본 사람이에요.	是的，(我)是日本人。
근 석 미국 사람이에요?	(你)是美国人吗?
마 리 아니요, 캐나다 사람이에요.	不是，(我)是加拿大人。
호 엉 이게 포도 주스예요?	这是葡萄汁吗?
유 나 네, 포도 주스예요.	是，(这)是葡萄汁。
바 트 이게 와인이에요?	这是葡萄酒吗?
피에르 아니요, 포도 주스예요.	不，(这)是葡萄汁。

词汇扩充

교실 물건 教室用品

片段2 

컴퓨터
电脑，计算机

노트북
笔记本电脑

책
书

공책 / 노트
笔记本

펜
笔; 钢笔

지우개
橡皮

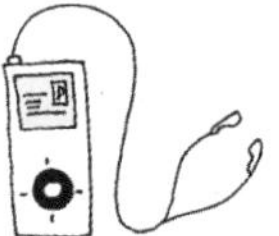
엠피스리
MP3

유에스비
U盘

디지털카메라
数码相机

책상
桌子，书桌

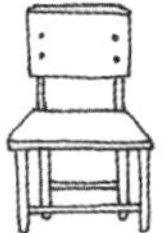
의자
椅子

휴지
纸巾

휴지통	사전	연필	필통	칠판
纸桶，纸篓	词典	铅笔	铅笔盒，笔筒，笔袋	黑板

趣味插曲

玛丽第一次喝烧酒的经历

老师和上韩国语课的学生一起在酒吧喝酒。

마 리 이게 뭐예요?

한공주 这是 소주(烧酒)。

마 리 看上去像水一样!

마리 一口喝完 소주，老师特别吃惊，要去阻止 마리。

한공주 오~ 마리!

喝完酒的 마리 伸出胳膊，大喊起来。

마 리 선생님, 싸랑해요!

한공주 마리! 谢谢，谢谢。可是，싸랑해요 发音是不对的! 再来，사랑
해요.

마 리 一日为师，终生为师。不管怎么说，我的 소주 体验简直太完美
了。소주, 사랑해요!

韩国语中 네 的多种用法

바 트　老师。

공 주　네?

바 트　您说过韩国语的 네 相当于"是"，对吧？

공 주　네.

바 트　那么，为什么韩国人表示惊讶的时候也用 네 呢？

공 주　韩国语的 네 用法有很多。一个最基本的用法是对一个问题作出某种肯定的答复。另外，如果没太听清楚或者表示吃惊的时候，我们也常用 네。

바 트　那怎样才能区分这些用法呢？

공 주　可以通过语调。当 네 表示"正确"或者"是"的时候，它是简短而明快的。而当我们想要再去确认某件事情或者表示惊讶的时候，尾部要上扬。如果要表示在做更多的思考时，则将末尾音节延长。这样，通过说话人的语调，我们就可以理解它所表示的意思。

바 트　네～ 现在我懂了。以后我会正确地使用的。

이름이 뭐예요? 叫什么名字?

学习目标 | 问名字、交朋友
韩国文化 | 个人隐私

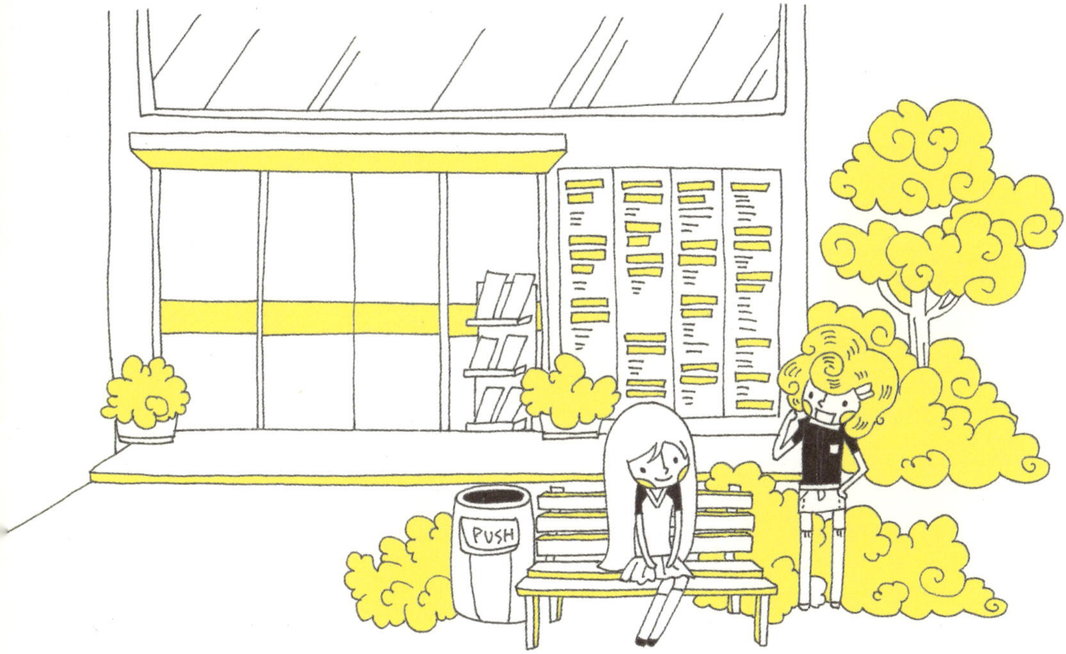

情景对话　片段 3

1 阿香想认识玛丽，对于玛丽，她想了解得更多。

흐 엉	이름이 뭐예요?①	叫什么名字?
마 리	마리예요.	(我)叫玛丽。
흐 엉	어느 나라 사람이에요?②	是哪国人?

| 마 리 | 캐나다 사람이에요. | (我)是加拿大人。 |

阿香想知道玛丽是干什么的。

흐 엉	마리 씨, 직업이 뭐예요?③	玛丽，（你）是做什么工作的？
마 리	학생이에요.	（我）是一名学生。
흐 엉	만나서 반가워요.	见到你很高兴。

③ 玛丽重新整理并复述自我介绍。

안녕하세요?	你们好！
마리예요.	（我）是玛丽。
캐나다 사람이에요.	（我）是加拿大人。
학생이에요.	（我）是一名学生。
만나서 반가워요.	见到你们很高兴。

词汇及表达

이름 名字　**이름이 뭐예요?**[이르미 뭐예요] 你叫什么名字？

어느 哪, 什么　**나라** 国家

어느 나라 사람이에요? 你是哪国人？

씨 先生, 女士, 小姐

직업[지겁] 职业　**직업이 뭐예요?**[지거비 뭐예요] 你是做什么工作的？

만나서 반가워요. 见到你很高兴。

对话说明

● **对话深入扩展**

① 이름이 뭐예요?

이름 是 "名字" 的意思, 이 是一个主格标志词, 뭐 指的是 "什么"。
因此, 이름이 뭐예요? 的意思是 "你叫什么名字?"。

② 어느 나라 사람이에요?

어느 指的是 "哪", 나라 指的是 "国家"。所以, 어느 나라 사람이에
요? 的意思是 "你是哪国人?"或者 "你来自哪儿?"。

③ 마리 씨

씨 可以用来指 "先生, 女士, 小姐"等。在正式场合, 在某个人的全
名后加上 씨; 而在非正式场合, 则可以在某个人的名字后加上 씨。
但是, 注意不可以用于称呼年纪大的人或者直接用在韩国姓氏后,
否则会显得非常没有礼貌。

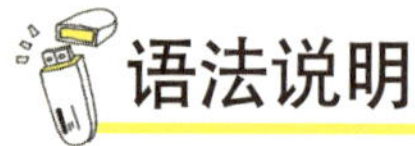

语法说明

● 名词 + 이 / 가：主格标志词

−이 或 −가 在韩国语里是一个主格标志词，出现在句中主格名词的后面。如果名词的最后一个音节为辅音，用 −이；若为元音，则用 −가。注意在名词与 이 或 가 之间没有空格。

辅音收尾 + 이	元音收尾 + 가

- 이름이 뭐예요?　叫什么名字?
- 에스엔에스가 뭐예요?　SNS是什么?
- 직업이 뭐예요?　做什么工作?

직업 职业

선생님
老师

학생
学生

의사
医生

요리사
厨师

가수
歌手

운동선수
运动员

군인
军人

경찰
警察

교수	강사	약사	변호사	간호사
教授	讲师	药剂师	律师	护士
회사원	주부	연예인	영화배우	기자
公司职员	主妇	艺人	电影演员	记者

趣味插曲

请注意韩国语的发音!

瑜娜询问皮埃尔是做什么工作的。

유 나　직업이 뭐예요?

피에르　구찌(古驰)예요.

유 나　구찌???

　　　　不，你是做什么工作的?

피에르　아~ 요리사예요。哈哈，我还以为你问我的钱包呢。

유 나　직업[지겁] 和 지갑 [지갑] 这两个词的发音很相似。

피에르　现在我明白了。谢谢!

韩国人为什么那么想知道
我的个人生活呢？

마 리　흐엉 씨, 我觉得 한국 사람 对别人的个人生活很感兴趣。

흐 엉　为什么这么说? 发生什么事了吗?

마 리　昨天我碰到了根硕的几个朋友。我们才第一次见面, 可他们问了很多的私人
问题。

흐 엉　我第一次来 한국, 问到这些问题, 特别不习惯。但是, 后来我跟一个嫁给 한국
사람 的姐姐聊天以后, 才明白。她告诉我, 在 한국 问这些私人问题是见怪不怪
的。如果问你私人问题就表示对你很感兴趣, 简单地说, 是想跟你成为朋友。另
外, 한국 사람 对比自己年龄大的人要使用敬语, 所以, 他们也会问到年龄。因
为只有知道了你多大以后, 他们才能知道如何去称呼你。但是, 也有一些人出于
好奇问一些其他的问题。我特别吃惊的是有人问我赚多少钱, 每当那个时候, 我
就礼貌地尽量少回答。

마 리　我懂了。从现在起, 在我回答问题之前, 我要想一想, 这些问题真正要问什么。

오렌지 주스 주세요. 给我一杯橙汁。

学习目标 | 在咖啡厅，点饮品
韩国文化 | 韩国米酒 — 막걸리

🍹 情景对话　片段4 😊

1 苗苗在点咖啡。

묘　묘　카푸치노 주세요.①　　　　　　请给我一杯卡布奇诺。

2 苗苗在点果汁。

묘　묘　레몬 주스 있어요?②　　　　　　有柠檬汁吗?

점 원　죄송합니다.③　　　　对不起。

　　　레몬 주스 없어요.④　　　没有柠檬汁。

묘 묘　오렌지 주스 있어요?　　　(那)有橙汁吗?

점 원　네, 오렌지 주스 있어요.　　　有，有橙汁。

묘 묘　오렌지 주스 주세요.　　　那请给我一杯橙汁。

3 宽子想知道瑜娜有没有男朋友。

히 로　유나 씨, 남자 친구 있어요?　　　瑜娜，(你)有男朋友吗?

유 나　아니요, 남자 친구 없어요.　　　不，(我)没有男朋友。

词汇及表达

카푸치노 卡布奇诺　(-을 / -를) 주세요 请给我~　점원 店员

레몬 주스 柠檬汁　죄송합니다[죄송함니다] 抱歉, 对不起

있어요?[이써요] (你)有~ 吗? / (这儿)有~ 吗?

있어요(있다) (我)有~ / (这儿)有~　없어요[업써요](없다) (我)没有~ / (这儿)没有~

오렌지 주스 橙汁　남자 男人, 男性　여자 女人, 女性　친구 朋友

남자 친구 男朋友　여자 친구 女朋友

对话说明

● **对话深入扩展**

① **카푸치노 주세요.**

名词 + 주세요 指的是"请给我～(名词)"。因此，카푸치노 주세요 的意思就是"请给我(一杯)卡布奇诺"。

② **레몬 주스 있어요?**

名词 + 있어요?[이써요] 的意思是"(这儿)有～(名词)吗?"。因此，레몬 주스 있어요? 指的就是"这儿有柠檬汁吗?"。

③ **죄송합니다.**

죄송합니다 的意思是"对不起"，是一种非常正式、礼貌的用法。另外，还可以用 미안합니다 来表示歉意。

④ **레몬 주스 없어요.**

名词 + 없어요 的意思是"(这儿)没有～(名词)"。因此，레몬 주스 없어요 指的就是"(这儿)没有柠檬汁"。

● 名词 + 주세요 : 请给我～

这句话意味着"请给我～(名词)"。在点单的时候，经常使用。

- 물 주세요.　　　　　　　　　请给我(一杯)水。
- 소주 주세요.　　　　　　　　请给我(一瓶)烧酒。

● 名词 + 있어요? : (这儿)有～吗?／(你)有～吗?

名词 + 있어요? 的意思是 "(这儿)有～(名词)吗? / (你)有～(名词)吗?"。在询问是否拥有或者是否存在的时候，经常使用这种表达方法。

- 여자 친구 있어요?　　　　　(你)有女朋友吗?
- 디지털카메라 있어요?　　　　(你)有数码相机吗?

● **名词 + 있어요 : (这儿)有~／(我)有**

若要表示拥有或者存在，可以使用名词 + 있어요，指的是"(这儿)有~(名词)或(我)有~(名词)"。

- 남자 친구 있어요.　　　　　　(我)有男朋友。
- 노트북 있어요.　　　　　　　(我)有(一台)笔记本电脑。

● **名词 + 없어요 : (我)没有~／(这儿)没有~**

名词 + 없어요 指的是"(我)没有~(名词)／(这儿)没有~(名词)"。在表示没有或者不存在时，可以使用这种表达方法。

- 엠피스리 없어요.　　　　　　(我)没有MP3播放器。
- 레몬 주스 없어요.　　　　　　(这儿)没有柠檬汁。

음료 饮品

片段 4
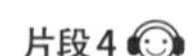

물
水

오렌지 주스
橙汁

콜라
可口可乐

우유
牛奶

커피
咖啡

녹차
绿茶

인삼차
人参茶

소주
烧酒

맥주
啤酒

와인
葡萄酒

샴페인
香槟(酒)

막걸리
米酒

사이다 汽水	아메리카노 美式咖啡	카페라테 牛奶咖啡，拿铁咖啡	코코아 / 핫초코 巧克力热饮
카푸치노 卡布奇诺	차 茶	생맥주 生啤(酒)	위스키 威士忌

趣味插曲

皮埃尔在迪厅

피에르 和几个朋友一起去 클럽(迪厅)欢度周五的夜晚。在那儿，他看见了一个漂亮的 한국 여자。

피에르　이름이 뭐예요?

여 자　我叫 수진(秀珍)。

피에르　직업이 뭐예요?

여 자　我是 패션모델(时装模特)。

피에르　와우!!! 남자 친구 있어요?

여 자　아니요, 없어요.

피에르　太好了。你住哪儿? 你要喝点儿什么? 我来买。

여 자　……

피에르　죄송합니다. 我知道的韩国语就这些了。

여 자　죄송합니다. 我不会说英语，我也就会说这些。

피에르　……我应该更努力地学习韩国语，快点和那个漂亮的 한국 여자 约会。

韩国的味道 — 막걸리

피에르　유나 씨, 咱们出去喝点儿什么吧。

유 나　好啊，去哪儿呢？

피에르　高丽大学附近有一个地方，那儿的 막걸리 很有名。怎么样？

유 나　不错嘛! 피에르 씨，你喜欢 막걸리 吗？

피에르　当然! 我特别喜欢 막걸리。由小麦和大米混合酿制而成，那种浓浓的奶香，

那种诱人的奶白色，还有那种醇和的口感……

유 나　피에르 씨，你都快成 막걸리 鬼了!

피에르　那是。막걸리 不但味道甜美，而且还有益于身体健康。한국 여자 都很喜欢。

如果我约 한국 여자，我就会说"我请你喝 막걸리"。

유 나　啊? 你说什么呀? 不过这才像你…… 피에르!

얼마예요? 多少钱?

学习目标 ｜ 韩国 — 购物者的天堂
韩国文化 ｜ 女性称谓

 ## 情景对话　　片段 5

1　玛丽正在购物。

아가씨	어서 오세요.①	欢迎光临！
마 리	여행 가방 있어요?	有旅行包吗？
아가씨	네, 여기 있어요.②	有，在这儿。

2 玛丽在问价钱。

마 리	이 가방 얼마예요?③	这个包多少钱?
아가씨	삼만 오천 원이에요.④	3万5千元(韩币)。

3 玛丽很喜欢一顶帽子，她在讨价还价。

마 리	이 모자 얼마예요?	这顶帽子多少钱?
아줌마	이만 원이에요.	两万元。
마 리	좀 깎아 주세요.⑤	再便宜点儿吧。
아줌마	그럼, 만 오천 원 주세요.	那就(给)一万五千元吧。
마 리	감사합니다.⑥	谢谢!

词汇及表达

아가씨 年轻女士　어서 오세요 欢迎光临(快请进)

여행 旅行　가방 包　여기 这儿　여기 있어요 在这儿　이 这

얼마 多少　얼마예요? 多少钱?　원 元，块

모자 帽子　아줌마 已婚女性；阿姨

좀 깎아 주세요[좀 까까 주세요] 请便宜一点儿

그럼 那么　감사합니다[감사함니다] 感谢，谢谢

对话说明

● **对话深入扩展**

① 어서 오세요.

어서 오세요 的意思是"欢迎光临"。 分开来说，어서 指的是"快点儿"，오세요 是"请来"。

② 네, 여기 있어요.

여기 指的是"这儿"。있어요[이써요] 有两个意思：一个是拥有，一个是存在。在 여행 가방 있어요? 这句话里，있어요 指的是"拥有某物"。 在 네, 여기 있어요 这句话里，있어요 指的是"存在"。注意，若在饭店叫男女服务员的时候，也常说"여기요"。

③ 이 가방 얼마예요?

이 指的是"这(个)"，얼마예요? 指的是"多少钱?"。因此，이 가방 얼마예요? 的意思是"这个包多少钱?"。

④ 삼만 오천 원이에요.

삼만 오천 的意思是"35,000"，원 是韩国的货币单位，指的是"元，块"的意思。 因此，삼만 오천 원이에요 的意思就是"35,000元"。

⑤ **좀 깎아 주세요.**

좀 指的是"一点儿"，깎아 指的是"切，杀（价）"，주세요 是"请"
的意思。因此，좀 깎아 주세요 合在一起就是"请便宜一点儿"的
意思。

⑥ **감사합니다.**

表达感谢的方法有很多种。其中 감사합니다 是最礼貌的用法。

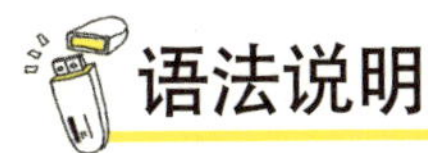

语法说明

● 韩国汉字数字 + 원(元)

在说到金额的时候，要用韩国汉字数字来表达。

- 맥도날드 햄버거가 삼천 원이에요.　　(一个)麦当劳汉堡3,000元。
- 스타벅스 커피가 사천 원이에요.　　(一杯)星巴客咖啡4,000元。
- 비빔밥이 오천 원이에요.　　(一份)拌饭5,000元。
- 가방이 육만 원이에요.　　(一个)包60,000元。

● 韩国汉字数字

韩国语有两种数字表达法，韩国汉字数字❶和韩国固有数字。应该根据具体情况，选择使用不同的表达方法。其中，韩国汉字数字多用于计算金额或说明日期等。

0	1	2	3	4	5
영/공❷	일	이	삼	사❸	오
6	7	8	9	10	
육	칠	팔	구	십	

10	11	12	13	14	15
십	십일[시빌]	십이[시비]	십삼	십사	십오[시보]
16	17	18 ✪	19	20	
십육[심뉵]	십칠	십팔	십구	이십	

10	20	30	40	50
십	이십	삼십	사십	오십
60	70	80	90	100
육십	칠십	팔십	구십	백

100	1,000	10,000
백 ✪	천	만
100,000	1,000,000	10,000,000
십만[심만]	백만[뱅만]	천만
100,000,000	1,000,000,000	10,000,000,000
억	십억[시벅]	백억[배걱]
100,000,000,000	1,000,000,000,000	
천억[처넉]	조	

❶ 韩国汉字数字

关于韩国汉字数字的读法，下面介绍一种简单易行的方法。我们在读英语中的阿拉伯数字时，实际上是以千为单位(十千，百千等)也就是说，三位数为一组(在个位、十位和百位后，再重新开始下一组，即从千位到百万位，如此类推)。但是，当要读韩国语中的阿拉伯数字时，应以十千或者四位数为一组。然而，这种现象只限于读法。在写法上，两种语言数字的写法是完全一样的，都是在每三位数后加一个逗点。其例如下：

写法	读法	
1,000	1000	천
10,000	1,0000	만
100,000	10,0000	십만
1,000,000	100,0000	백만
10,000,000	1000,0000	천만
100,000,000	1,0000,0000	억
1,000,000,000	10,0000,0000	십억
10,000,000,000	100,0000,0000	백억
100,000,000,000	1000,0000,0000	천억

★2 0 영 / 공

在韩国语里，0 原始的读法是 영。可是，有时候也被读成 공。공 是 "空" 的意思，这也是可以用 공 来代替 영 的原因。 在拼读电话号码的时候，常使用 공 这种读法。

★3 4 사

数字4[사]的发音与汉字 "死[사]" 的韩国语读音是完全一样的，表示 "死亡" 之意。也正因如此，韩国人不喜欢数字4，而且，在电梯里第四层的按钮有时候会被注成 'F'(代表 'four')。

★4 18 십팔

数字18的发音类似于韩国语中骂人的话，也就是英语中所谓的 "f***"。因此，在发18音的时候，注意不要过于用力，而且，要尽量避免使用。

★5 100 백

注意: 在发音的时候，不要读首数1。

10　　십 ○　일십 ×

100　　백 ○　일백 ×

1000 천 ○　일천 ×

词汇扩充

한국 돈 韩国货币

片段 5 😊

십 원 / 10元

10元硬币正面是韩国 다보탑(多宝塔)的图案，是一座建立于统一新罗时期的石头塔。

오십 원 / 50元

50元硬币正面是 벼(稻子)的图案。

백 원 / 100元

100元硬币正面是 이순신(李舜臣将军)的头像，他是一位朝鲜王朝勇敢的将军。

오백 원 / 500元

500元硬币正面是 학(仙鹤)的图案。

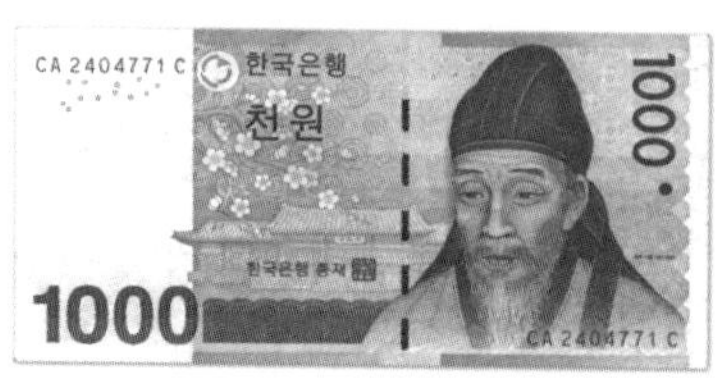

천 원 / 1,000元

1,000元纸币上的头像为 이황(李滉),
是一位朝鲜王朝时期杰出的新儒学学者。

오천 원 / 5,000元

5,000元纸币上的头像为 이이(李珥)的头像,
是朝鲜王朝时期的诗人、文人又是政治家。
他的母亲是 신사임당(申师任堂),她的头像
被印在50,000元纸币上。

만 원 / 10,000元

10,000元纸币上的头像为 세종대왕(世宗大王),
也就是韩文的创制人。

오만 원 / 50,000元

50,000元纸币上的头像为 신사임당(申师任堂),
是一位著名的诗人、书画家。

词汇扩充

필수품 必需品

가방 包
삼만 오천 원 ₩ 35,000

모자 帽子
이만 삼천 원 ₩ 23,000

안경 眼镜
오만 원 ₩ 50,000

우산 雨伞
만 팔천 원 ₩ 18,000

신발 鞋
삼만 구천 원 ₩ 39,000

구두 皮鞋
구만 칠천 원 ₩ 97,000

운동화 运动鞋
육만 사천 원 ₩ 64,000

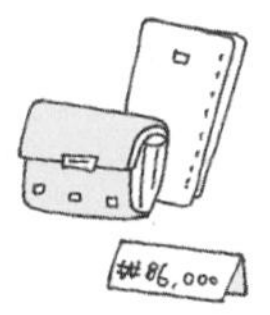

지갑 钱包
팔만 육천 원 ₩ 86,000

벨트 腰带
칠만 이천 원 ₩ 72,000

손수건 手帕, 手绢
오천 원 ₩ 5,000

시계 闹钟; 手表
십이만 원 ₩ 120,000

휴대폰 手机
십오만 원 ₩ 150,000

趣味插曲 

多少钱？

묘묘 对又高又帅的 근석 很好奇。

묘 묘   근석 씨 얼마예요?

근석 听了之后，非常吃惊。

근 석   (얼마? 她要问什么? 她是在问我的价钱吗?)

묘묘 看到 근석 毫无反应，很快意识到了自己的失误。

묘 묘   아니요, 아니요, 아니요. 你多高?

근 석   아~ 哈哈。묘묘 씨, 那你应该说 "키가 얼마예요?"

　　　　在韩国，얼마예요? 主要用于问价格。

묘 묘   现在我明白了。

　　　　근석 씨, 짱이에요!(你真棒！)

★ 짱이에요: 这是一句常见的口语，意思是说 "这是最棒的!"。这句话在年轻人当中很受欢迎。

아가씨 & 아줌마 的用法

피에르　아줌마, 이거 얼마예요?

유　나　피에르 씨! 你说什么? 你竟然叫年轻女士为 "아줌마"?

피에르　네? 我说错了嘛? 我去饭店吃饭的时候, 那儿的每个人都称呼年轻的女士为 "아줌마"。

유　나　在 한국, 아줌마 是指已经结婚的中年女性。如果这样称呼年轻女士的话, 那是非常没有礼貌的。在 한국 饭店里, 虽然可以叫 "아줌마", 但那绝不是对年轻女士说的。

피에르　我懂了。那么……, "아가씨" 总可以用来称呼年轻女士了吧?

유　나　用 "아가씨" 的时候, 也要特别小心。因为它有时候还可以用来指在酒吧工作的女性。也正因为如此, 韩国的年轻女士们不喜欢听到自己被称呼为 "아가씨", 而且, 有时候会感觉很不愉快。

피에르　으으, 太难了。我都给搞晕了。

유　나　要是你怕弄混, 就说 "저기요" 吧。"저기요" 这个词按照字面意思来说本来是 "那儿有"。不过, 我们可以用它来称呼不认识的人。另外, 再多告诉你一个! 区分 아줌마 和 아가씨 还有一个特别简单的方法。한국 아줌마 都有着同样的发型: 아줌마 파마(卷发), 卷卷的, 保证在世界上都是独一无二的。因此, 한국 아줌마 被叫做 "azumma(大妈, 大婶)", 以区别于英语中的 "中年女性"。

비빔밥 하나 주세요. （我）要一份拌饭。

学习目标 | 点餐
韩国文化 | 韩国饮食&餐桌礼仪

 ## 情景对话　　片段6

1 皮埃尔在一家便利店吃早餐。

점 원	뭐 드릴까요?①	请问，您要来点儿什么？
피에르	김밥 하나 주세요.②	（我）要一个紫菜包饭。

2 皮埃尔在一家韩国餐厅吃午餐。

아줌마	뭐 드시겠어요?	(您)要吃点儿什么?
피에르	비빔밥 하나 주세요.	(我)要一份拌饭。
	안 맵게 해 주세요.③	要不辣的。
아줌마	알겠어요.④	好的。

3 根硕和玛丽在一家韩国餐厅吃晚饭。

아줌마	뭐 드릴까요?	(你们)要吃点儿什么?
근 석	불고기 2인분 주세요.⑤	来两份烤肉。
아줌마	음료수는요?⑥	要什么饮料?
마 리	맥주 두 병 주세요.	来两瓶啤酒。

词汇及表达

뭐 드릴까요? 要来点儿什么? **김밥** 紫菜包饭 **하나** 一个
뭐 드시겠어요?[뭐 드시게써요] (您)要吃点儿什么?
비빔밥 拌饭
안 맵게 해 주세요 要不辣的 **알겠어요[알게써요]** 好的; 知道了
불고기 (韩式)烤肉 **인분** 人份 **음료수[음뇨수]** 饮料, 饮品
음료수는요?[음뇨수는요] 要什么饮料? **맥주** 啤酒 **병** 瓶

● 对话深入扩展

① 뭐 드릴까요?

在韩国餐厅，当询问某人要吃点什么或喝点什么的时候，有多种不同的表达方法。比方说，可以说 "뭐 드릴까요?" 或者 "뭐 드시겠어요?" 或者 "주문하시겠어요?" 等等。第一种表达方法的意思是说 "我能为您提供些什么？/ 您要来点儿什么？"；"뭐 드시겠어요?" 的意思是说 "您要吃点儿什么？"；最后 "주문하시겠어요?" 的意思是 "您要点餐吗？"。

② 김밥 하나 주세요.

김밥 是一种很受欢迎的韩国便餐。在干紫菜上面放上薄薄的一层米饭，然后放上各种材料，慢慢卷起，最后切成一段一段。김밥 常常在外出游玩或者想简单地吃一顿便餐的时候享用。하나 是数字 1 的特殊用法。像这样，韩国固有数字常用来表达某一个体，并且常常和名量词一起搭配使用。但是，也有例外。那就是在表达 "给我一个" 的时候，通常省略名量词。

③ 안 맵게 해 주세요.

有些韩国食品是非常辣的。如果你不能吃辣的，应该在点菜之前说一声：안 맵게 해 주세요。

④ 알겠어요.

알겠어요[알게써요] 是从 "알다(知道)" 变换而来。意思是说 "好的，知道了，懂了"。

⑤ 불고기 2인분 주세요.

数字根据其后所搭配的名量词而有所变化。在表达 "几人份"的时候，应该用汉字数字。

⑥ 음료수는요?

음료수 指的是 "饮料"，는요? 的意思是说 "～怎么样?"。因此合在一起 음료수는요? 就变成了 "饮料呢? / 饮料怎么样? / 要什么饮料?"。 一般点菜的时候，服务员都会紧接着这样问。如果什么也不想喝的话，可以说 그냥 물 주세요(水就可以了)。

 语法说明

● **韩国固有数字 + 名量词 개 / 잔 / 병 / 명 / 살：个 / 杯 / 瓶 / 名 / 岁**

在计量物体和人数的时候，应根据不同的名词搭配适当的量词。
개 表示"个"，잔 表示"杯"，병 表示"瓶"，명 表示"名"，살 表示
"岁"。但是，有一个例外，在表达"一个"的时候，通常不说 "한
개"，而说"하나"。

- 아메리카노 하나 주세요.　　　来个美式咖啡。
- 아메리카노 한 잔 주세요.　　　来一杯美式咖啡。
- 맥주 두 병 주세요.　　　来两瓶啤酒。
- 스물세 살이에요.　　　(我)23岁。
- 한국 사람이 네 명 있어요.　　　有4名韩国人。

● **韩国汉字数字 + 名量词 인분 / 번 / 층 / 호：人份 / 号 / 层 / 号(房间)**

在表示几人份和数字的时候，应根据不同的名词选择不同的量词。
인분 表示"(几)人份"，번 表示"号"，층 表示"层"，호 表示"(房
间)号"。

- 불고기 2인분 주세요.　　　　　来两人份烤肉。

- 5번　　　　　5号

- 3층　　　　　3层

- 105호　　　　　105号房间

● 韩国固有数字

在计量物体、事件或者人物的时候，应用韩国固有数字来表达。值得注意的是，用在名量词前的　하나，둘，셋，넷，스물　要相应地替换成　한，두，세，네，스무。

1	2	3	4	5	6	7	8	9	10
하나(한)	둘(두)	셋(세)	넷(네)	다섯	여섯	일곱	여덟	아홉	열

11	12	13	14	15
열하나(열한)	열둘(열두)	열셋(열세)	열넷(열네)	열다섯
16	17	18	19	20
열여섯	열일곱	열여덟	열아홉	스물(스무)

30	40	50	60	70	80	90	100
서른	마흔	쉰	예순	일흔	여든	아흔	백

词汇扩充

한국 음식 韩国饮食

片段6

밥
米饭

김밥
紫菜包饭

비빔밥
拌饭

김치
泡菜

찌개
韩式炖汤

불고기
(韩式)烤肉

설렁탕
牛杂碎汤

삼계탕
参鸡汤

삼겹살
五花肉

보쌈
菜包白切肉

닭갈비
烤鸡排

냉면
冷面

국	된장찌개	김치찌개	순두부찌개
汤	大酱汤	泡菜汤	豆花汤
부대찌개	갈비	갈비탕	칼국수
火腿泡菜汤	排骨	牛排汤	韩式刀削面

趣味插曲

酒鬼皮埃尔

皮埃尔和几个朋友在酒吧共享星期五晚上的美好时光。喝醉酒的皮埃尔
向一位漂亮的酒吧服务员要啤酒。

피에르　　맥주 일 병 주세요.

바텐더　　네?

피에르　　아~ 맥주 하나 병이요.

바텐더　　……

피에르　　아! 맥주 한 병이요.

바텐더　　OK, 여기 있어요.

피에르　　你是我见过的最漂亮的韩国语老师！

韩国餐桌礼仪

마 리 　와우, 太棒了! 근석 씨, 이게 뭐예요?

근 석 　这是传统韩式餐桌的摆法。

마 리 　这么多的小菜，有饭，还有汤。

근 석 　好，现在我就来给你介绍 한국 테이블 매너(韩国的餐桌礼仪)。通常，饭放在左边，汤放在右边。勺子和筷子依次放在汤的右边。然后把主菜放在正中间，好让大家共同享用。

마 리 　好复杂啊。那还有其他的餐桌礼仪吗?

근 석 　要让年纪最大的人先动筷。还有，吃饭、喝汤的时候，不能把饭碗、汤碗端在手里。也不能同时使用勺子和筷子。还有，不能把勺子和筷子插在米饭里，因为这意味着给过世的人做忌祀。另外，如果去别人家做客，最好不要剩饭。

마 리 　OK! 谢谢你教给我这么多 한국 테이블 매너。근석 씨，什么时候请我去你家吧! 你放心，我保证吃得干干净净!

어디에 가요? (你)去哪儿?

学习目标 ㅣ 去某地
韩国文化 ㅣ 韩式桑拿浴(찜질방)

 ## 情景对话　　片段7

1 公主老师在校园里遇见巴特。

한공주	바트 씨, 어디(에) 가요?①	巴特，(你)去哪儿?
바 트	도서관(에) 가요.	(我)去图书馆。

2 瑜娜向韩公主问巴特在哪儿。

유 나　바트 씨 어디(에) 있어요?②　　　巴特在哪儿？

한공주　바트 씨 도서관에 있어요.　　　他在图书馆。

3 苗苗询问玛丽的家人。

묘 묘　가족이 어디에 있어요?　　　(你)家人都在哪儿？

마 리　토론토에 있어요.　　　(他们)在多伦多。

묘 묘　토론토가 어디에 있어요?　　　多伦多在哪儿？

마 리　토론토가 캐나다에 있어요.　　　多伦多在加拿大。

4 宽子问根硕卫生间在哪儿。

히 로　화장실이 어디 있어요?　　　卫生间在哪儿？

근 석　저기(에) 있어요.③　　　(就)在那儿。

词汇及表达

어디 哪儿，哪里

어디에 가요? (你)去哪儿？

도서관 图书馆

가족 家人，家族

가족이 어디에 있어요? (你)家人在哪儿？

토론토 多伦多　**화장실** 卫生间，洗手间　**저기** 那儿

 对话说明

● **对话深入扩展**

① **바트 씨, 어디(에) 가요?**

　어디 的意思是"哪儿"，가요 的意思是"去"，에 在这里是一个场所标志词。因此，바트 씨, 어디에 가요? 这句话的意思就是"巴特，你去哪儿?"。这里，바트 씨 是被问的人。近来，韩国语里大有省略에 的趋势。

② **바트 씨 어디(에) 있어요?**

　있어요 的意思是"存在"。因此，바트 씨 어디에 있어요? 的意思就是说"巴特在哪儿?"。 这里，바트 씨 作为主语而存在，这是不同于上例①中 바트 씨 用法的部分。

③ **저기(에) 있어요.**

　告诉别人某个处所的位置时，可以使用 저기에 있어요。在这句话里，저기 的意思是"那儿"，同样，에 可以省略。

● 地点名词 + 에 : 在 / 去~

用在 가요(去) / 와요(来) / 있어요(在)之前。用在 가요 和 와요 之前时经常被省略。

- 식당에 가요.　　　　　　　　　去餐厅。
- 유나 씨 도서관에 있어요.　　　瑜娜在图书馆。
- 어디에 가요?　　　　　　　　　去哪儿?

장소 이름 场所名称

강의실
教室，讲堂

화장실
卫生间，洗手间

기숙사
宿舍

호텔
宾馆，饭店，酒店

노래방

歌厅，练歌房，卡拉OK

찜질방

桑拿浴室（韩式桑拿浴）

카페

咖啡厅

백화점

百货商店

대사관
大使馆

병원
医院

사무실 办公室	회사 公司	식당 食堂, 饭馆, 餐厅	약국 药店
도서관 图书馆	체육관 体育馆	운동장 操场, 运动场	수영장 游泳池, 游泳馆
서점 书店	학원 学院, 补习班	공원 公园	미용실 美发厅
빵집 面包房, 面包店	술집 酒吧, 酒馆	꽃집 花店	집 家
슈퍼마켓 超市	시장 市场	편의점 便利店	교회 教会
성당 (天主教)教堂	절 (佛教)寺院	경찰서 警察局, 警察署	소방서 消防队

趣味插曲

宽子的韩国语轶事

在公共汽车站，一位老妇人抓着宽子的 허리(腰)，在问着什么。

할머니 학생(年轻人，打扰一下)，我想我可能下错站了。 여기가 어디

예요?

히 로 아, 여기가 허리예요.

할머니 뭐? 어디?

히 로 허리요. 허리!

할머니 허리동(徐里洞)?

히 로 아니요, 这是我的腰。 허리!

할머니 哦，我问你这是什么地方?

히 로 아, 죄송합니다. (我应该更努力地学习 한국어⋯⋯)

韩式桑拿浴(찜질방) 

마 리　으아, 太热了!

흐 엉　에이, 看来你是个娇气鬼!

바 트　没错。

마 리　흐엉 씨, 바트 씨, 你们不热吗?

흐 엉　这才是 한국 찜질방 的特色呢。

바 트　마리 씨, 这儿有 한국 식혜(酒酿; 米酿饮料)。你喝点儿 식혜, 会感觉好一些。

마 리　우와! 这么凉爽, 真香, 真好喝。

흐 엉　再尝尝这个烤鸡蛋。这些都是来 한국 찜질방 必须吃的小吃。

마 리　这个味道也不错。흐엉 씨, 你都快成 찜질방 专家啦。

흐 엉　我和我姐姐的 가족 常常来这儿。

마 리　还有 PC방, 노래방, 还有健身房呢。

바 트　맞아요。这儿有很多不同种类的娱乐设施。찜질방 可以称得上是一个 한국 全方位 的休息空间。而且, 찜질 可以促进血液循环, 对身体健康很有好处。

마 리　太好了。那我们每个周末都来 찜질방 吧!

화장실이 어디에 있어요? 洗手间在哪儿?

学习目标丨首尔观光
韩国文化丨弘大 — 韩国年轻一代的文化中心

情景对话　片段8

1 宽子问凯悦酒店在哪儿。

| 히 로 | 하얏트 호텔이 어디에 있어요? | （请问），凯悦酒店在哪儿？ |
| 행 인 | 남산에 있어요.① | 在南山。 |

2 皮埃尔急着找卫生间。

| 피에르 | 실례합니다.② | 打扰一下。 |

화장실이 어디에 있어요?	(请问), 卫生间在哪儿?
경비원 쭉 가세요.③ 그럼 오른쪽에 있어요.④	一直走, 右边就是。

3 阿香找药店。

흐 엉 약국이 어디에 있어요?	(请问), 药店在哪儿?
행 인 오른쪽으로 가세요. 그럼 왼쪽에 있어요.	右转, 左边就是。
흐 엉 감사합니다.	谢谢。

4 根硕问玛丽住在哪儿。

근 석 하숙집이 어디에 있어요?	(你)寄宿的地方在哪儿?
마 리 학교 앞에 있어요.⑤	就在学校前面。

词汇及表达

하얏트 호텔 凯悦酒店　**남산** 南山　**행인** 行人, 过路人
실례합니다[실례함니다] 对不起; 打扰一下　**화장실이 어디에 있어요?** 卫生间在哪儿?
경비(원) 警卫(员)　**쭉** (一)直　**쭉 가세요** 请直走　**그럼** 那么; 那样的话; 好吧
오른쪽 右边　**왼쪽** 左边　**약국** 药店　**오른쪽으로 가세요** 右转
하숙집 寄宿家庭　**앞[압]** 前面

对话说明

● 对话深入扩展

① **남산에 있어요.**

남산 坐落于首尔市中心。남산에 있어요 指的是 "位于南山"或
"在南山"。

② **실례합니다.**

실례합니다 的意思是 "对不起；打扰一下"。

③ **쭉 가세요.**

쭉 的意思是 "直"。쭉 가세요 的意思是说 "一直走"。

④ **그럼 오른쪽에 있어요.**

그럼 的意思是 "那么；那样的话；好吧"等。오른 是 "右"，쪽 是
"边"。因此，오른쪽 的意思就是 "右边"。왼 是 "左"的意思。

⑤ **학교 앞에 있어요.**

학교[학꾜] 指的是 "学校"，而 앞[압] 指的是 "前面"。因此，학교
앞에 있어요 这句话的意思就是 "在学校前面"。

语法说明

● 名词 + (으)로 : 向～ / 往～

–(으)로 是一个标志词，在这里用于指明方向，类似于英语中 "to" 或者 "toward" 的用法，用在方向名词后面。若名词以辅音结尾，用 –으로；若名词以元音收尾，则用 –로。

辅音收尾 + 으로	元音收尾 + 로

- 왼쪽으로 가세요. 　往左走。
- 오른쪽으로 가세요. 　往右走。
- 앞으로 가세요. 　往前走。

词汇扩充

서울의 명소 首尔景点

片段8

 **1 시청** 市厅
서울 광장 首尔广场

 **2 광화문** 光化门(首尔中心)
광화문 광장 光化门广场

 **3 명동** 明洞(集购物、娱乐休闲、饮食等为一体的名胜地)

 **4 종로** 钟路(首尔北部地区的主要街道)

 **5 인사동** 仁寺洞(旧式传统文化一条街)

 **6 북촌 한옥마을** 北村韩屋村(韩式传统居住村舍)

 **7 삼청동** 三清洞(传统与现代文化交融之地)

 **8 동대문 시장** 东大门市场(通宵开放的超大规模购物中心)

 **9 청계천** 清溪川(位于首尔市中心的一片绿洲,清澈的溪水贯穿城市中心)

 **10 서울숲 공원** 首尔林公园

 **11 대학로** 大学路(戏剧一条街)

 **12 신촌** 新村(大学村)

 **13 홍대** 弘大(年轻的民间文化、艺术、独立乐队和俱乐部的天下)

 **14 월드컵 공원** 世界杯公园(2002世界杯赛场之一,包括一个足球运动场和一个公园)
하늘 공원 天堂公园

 **15 서울역** 首尔站

 **16 남대문 시장** 南大门市场(规模庞大的购物、饮食和观光景点的集合地)

 **17 이태원** 梨泰院(首尔的"地球村")

 **18 남산** 南山(位于首尔市中心的一座山,也是首尔最大的公园)

 **19 한강** 汉江(首尔的主要河流)

 **20 반포대교 달빛무지개분수** 盘浦大桥月光彩虹喷泉

 **21 노들섬** Nodeul 岛(在汉江上)

 **22 강남** 江南(首尔南部,快速发展的富人区)

23 **압구정** 狎鸥亭(韩国的时装胜地)

24 **청담동** 清潭洞(超豪华的上流洋品店，普拉达、路易威登、古驰等奢侈品牌的集合地)

25 **가로수길** 林荫路(以独特的服装和咖啡厅而闻名的一条街道)

26 **올림픽 공원** 奥林匹克公园(为纪念1988年奥运会而建)

27 **잠실** 蚕室(奥运村)
롯데월드 乐天世界(首尔最大的娱乐公园)

28 **코엑스** 会展中心(展览、展示中心，购物天堂)

29 **고속버스 터미널** 客运站; 高速大巴终点站

30 **예술의 전당** 艺术殿堂

趣味插曲

韩国语里一笔一划的重要性

마리 要去她的 친구 工作的大厦。突然，她着急要上 화장실。于是，
마리 问 경비원(警卫) 화장실 在哪儿。

마 리　회장실이 어디예요?

경 비　저기예요.

마 리　打开了那个 경비 所指的门，但是……

직 원　请问，您有什么需要帮忙?

　　　　您事先预约了吗?

마 리　화장실 아니에요?❶

직 원　什么? 你说 화장실? 아니에요。

　　　　这里是 회장실(董事长办公室)。

마 리　哦……原来是这样。实在抱歉!

　　　　회장실 和 화장실 这两个单词看起来很相似，

　　　　但实际上用法完全不同啊!

❶ 아니에요 和 –이에요 是一组意思相反的表达(注意 아니에요 前要隔写)。

　　묘 묘　피에르 씨, 미국 사람이에요?　皮埃尔，是美国人吗?

　　피에르　아니요, 미국 사람 아니에요. 프랑스 사람이에요.

　　　　　不，(我)不是美国人。是法国人。

迪厅日

피에르　哇! 终于到了 클럽 데이(迪厅日)了!

묘 묘　클럽 데이? 그게 뭐예요?

피에르　在每个月的最后一个星期五，弘大附近的几家迪厅都会举办一个 클럽 데이。在 클럽 데이 这一天，我们可以尽享风格各异的不同俱乐部的音乐和舞蹈，而且只需要一张门票。这已经成了 한국 年轻一代娱乐的一部分了。

묘 묘　你去过这些迪厅吗?

피에르　当然。홍대 是我的第二个家。

묘 묘　啊? 那么夸张啊?

피에르　我保证，在迪厅日这一天，邀请女孩子们约会，那是100%的成功。

묘 묘　피에르 씨, 真拿你没办法!

전화번호가 몇 번이에요? (你的)电话号码是多少?

学习目标 | 互换电话号码
韩国文化 | 智能手机文化

 情景对话　片段9

1　巴特询问瑜娜的电话号码。

바 트	전화번호가 몇 번이에요?①	(你的)电话号码是多少?
유 나	010-2345-6789 예요.②	是 010-2345-6789.
바 트	010-2345-6789 맞아요?③	010-2345-6789，对吗?
유 나	네, 맞아요.	是的，没错。

2 宽子想知道瑜娜的电话号码。

히 로 유나 씨 전화번호 알아요?[④]　知道瑜娜的电话号码吗?

바 트 네, 알아요.　嗯，知道。

히 로 좀 가르쳐 주세요.[⑤]　告诉我一下。

바 트 010-2345-6789예요.　是 010-2345-6789。

히 로 고마워요.　谢谢!

3 巴特给瑜娜打电话。

유 나 여보세요.　喂?

바 트 안녕하세요? 저, 바트예요.　你好，我是巴特。

　　　　같이 이태원에 가요.　(我们)一起去梨泰院吧。

유 나 좋아요!　好啊!

词汇及表达

전화번호 电话号码　몇[멷] 多少, 几　번 号

전화번호가 몇 번이에요?[전화버노가 며뻐니에요] (你的)电话号码是多少?

맞아요?[마자요] 对吗?　맞아요 对, 对的　맞다 对, 正确

알아요?[아라요] 知道~?　알아요 知道　알다 知道

좀 가르쳐 주세요 请告诉我一下　고마워요 谢谢

여보세요 喂(电话用语)　저 바트예요 我是巴特

같이[가치] 一起　좋아요[조아요] 好

对话说明

● 对话深入扩展

① 전화번호가 몇 번이에요?

전화번호 的意思是 "电话号码"，몇 是 "多少"，번 相当于 "（几）度；（几）次；（多少）号"。因此，合在一起，전화번호가 몇 번이에요? 的意思就是 "你的电话号码是多少?"。

② 010-2345-6789예요.

这句话应该读成 공일공에 이삼사오에 육칠팔구예요.

③ 맞아요?

맞아요 是 "对，正确"，反义词为 틀려요，指的是 "错，错误"。

④ 알아요?

알아요 意味着 "知道"，而 몰라요 指的是 "不知道"。

⑤ 좀 가르쳐 주세요.

가르쳐 주세요 的意思是说 "请告诉我一下"。如果用上 좀，会显得更有礼貌。实际上，좀 的意思是 "请；稍微，一点儿"。

● 몇 + 名量词 : 多少～? / 几～?

若要询问和数字有关的问题，通常使用 몇 这个词。몇 的意思是
"多少" 或者 "几"，用在名量词前。

• 전화번호가 몇 번이에요?　　　　　　　　电话号码是多少?

• 방이 몇 호예요?[방이 며토예요]　　　　　房间号码是多少?

• 한국 사람이 몇 명 있어요?　　　　　　　有几名韩国人?
  [한국 사라미 면명이써요]

• 사무실이 몇 층이에요?　　　　　　　　　办公室在几楼?

词汇扩充

电话常用语

片段9

잘못 거셨어요. 打错了。

지금 통화할 수 있어요? 现在通话方便吗?

죄송합니다. 지금 회의 중이에요. 不好意思，现在正在开会。

제가 나중에 다시 전화할게요. 我一会儿再打给你。

10분 후에 다시 전화해 주세요. 请10分钟后再打过来。

韩国紧急电话号码

112　　报警电话

114　　查号台

119　　火警

120　　首尔信息服务台(茶山电话中心)

1339　　医疗急救中心

1345　　外国人咨询台

趣味插曲

严厉的韩国语老师 —— 瑜娜

瑜娜很嫉妒玛丽，因为她正在和自己的心上人根硕交往。但是玛丽却想
方设法地想要接近瑜娜。因此，她向瑜娜询问她的电话号码。

마 리　유나 씨, 전화번호가 몇 번이에요?

유 나　（犹豫了片刻，用英语回答）……噢，

我的号码是010-2345-6789。

마 리　아, 공일공❶ 대시(破折号)…

유 나　不对, 공일공에!

마 리　아, 공일공에 이삼사오에 육칠팔구 맞아요?

유 나　네. 맞아요.

마 리　감사합니다. 你这 한국어 선생님 真严厉啊!

❶ 韩国语里，数字 0 通常被说成 영。但是，有一个特例，那就是在说电话号码的时候，
我们更习惯说成 공。注意, 这时电话号码中的 "—" 读成 에。

韩国年轻一代的智能手机文化

한공주　巴特，你买 스마트폰(智能手机)啦!

바 트　我周围所有的 한국 친구 都在用 스마트폰，我也想跟他们用KAKAO TALK聊天。

한공주　是啊，스마트폰 已经成为 한국 年轻一族最好的 친구 了。他们一整天都在用 스마트폰，甚至用它来约会。可以用手机看电影，听音乐或者看书。

바 트　맞아요。我每次见 한국 친구 的时候，好像他们都不跟我说话，而是在跟他们的 스마트폰 说话。而且，他们特别喜欢 셀프카메라 (自拍)，真有意思。

한공주　也许这也正是 한국 能够成为一个IT大国的原因吧。

오늘이 몇 월 며칠이에요? 今天几月几号?

学习目标 ㅣ 特殊日子的特殊庆祝
韩国文化 ㅣ 韩国生日宴

 ## 情景对话　　片段 10

1　苗苗问今天是几月几号。

묘　묘　오늘이 몇 월 며칠이에요?[①]　　　今天几月几号?

한공주　오늘이 5월 20일이에요.[②]　　　今天5月20号。

2 苗苗问阿香的生日是哪天。

| 묘 묘 | 생일이 언제예요? | (你的)生日是什么时候? |
| 호 엉 | 제 생일이 9월 29일이에요. | 我的生日是9月29号。 |

3 苗苗精心打扮了一番。今天是她的生日。

근 석	오늘 무슨 날이에요?	今天是什么日子？
묘 묘	제 생일이에요.	是我的生日。
근 석	그래요?③ 몰랐어요.④ 미안해요.⑤	是吗？我还不知道呢。真抱歉。
	생일 축하해요!⑥	祝你生日快乐！

词汇及表达

오늘 今天　월 月　일 号, 日　몇 월[며뭴] 几月　며칠 几号, 几日

오늘이 몇 월 며칠이에요?[오느리 며뭴 며치리에요] 今天几月几号?

생일 生日　제 我的

오늘 무슨 날이에요?[오늘 무슨 나리에요] 今天是什么日子?

그래요? 是吗?　몰랐어요[몰라써요] 不知道　미안해요 抱歉; 对不起

축하해요[추카해요] (축하하다) 祝贺　생일 축하해요 (祝你)生日快乐

对话说明

● 对话深入扩展

① 오늘이 몇 월 며칠이에요?

오늘 指的是 "今天", 이 在这里是一个主格标志词, 몇 是 "几", 월 是 "月", 일 是 "日"。因此, 오늘이 몇 월 며칠이에요? 这句话的意思就是 "今天几月几号?", 며칠 是由 몇 일 转变而来, 为了简易方便, 用 며칠 来代替 몇 일。

② 오늘이 5월 20일이에요.

在读某个月份或者某个日期的时候, 应该使用韩国汉字数字表达法。오늘이 5월 20일이에요 应该读成 [오느리 오월 이시빌이에요]。

③ 그래요?

그래요? 的意思是 "是吗? / 是嘛?" 当意识到某件事情的时候经常使用。

④ 몰랐어요.

몰랐어요 是 몰라요(不知道) 的过去时制, 指的是 "我不知道它 / 那个"。

⑤ **미안해요.**

미안해요 是表示歉意的一种比较随意的表达方法，其正式的礼貌用法应为 미안합니다。另外，죄송합니다 是最正式、最礼貌的表达方法。

⑥ **생일 축하해요.**

생일 的意思是"生日"，축하해요 的意思是"祝贺"。连在一起，생일 축하해요 就是"(祝你)生日快乐"。另外，축하해요 还可以用于多种情况。比如说，입학(入学)、졸업(毕业)、취직(就业；就职)、승진(晋升；升职)及 결혼(结婚)等等。

语法说明

● 韩国汉字数字 + 월 : 月份
韩国汉字数字 + 일 : 日期

在日期表达法上，月份在前，日期在后。两者都要使用韩国汉字
数字来表达。

- 오늘이 5월 20일이에요.　　　今天是5月20号。
- 크리스마스가 12월 25일이에요.　　　圣诞节是12月25日。

● 韩国汉字数字 + 년 : 年份

年份最先，其次是月份，最后是日期。

- 1998年 → 천구백구십팔 년
- 2002年 → 이천이 년
- 2012年 → 이천십이 년
- 오늘이 2012년 10월 9일이에요.　　　今天是2012年10月9日。

词汇扩充

달 이름 月份名称

片段 10

1월(일월)	2월(이월)	3월(삼월)	4월(사월)
1月	2月	3月	4月
5월(오월)	6월(유월) ❶	7월(칠월)	8월(팔월)
5月	6月	7月	8月
9월(구월)	10월(시월) ❷	11월(십일월)	12월(십이월)
9月	10月	11月	12月

❶ 6월(유월)　❷ 10월(시월)

需要注意的是，6월 和 10월 的发音是特例。6月不应说成 육월，而应说成 유월；同样，10月不应说成 십월，应该说成 시월。

词汇扩充

한국 휴일 韩国节假日 片段 10

새해 新年	1월 1일
설날 (传统)春节	음력 1월 1일 (农历)
삼일절 三一节(三·一运动纪念日)	3월 1일
어린이날 儿童节	5월 5일
석가탄신일 佛诞节; 释迦牟尼诞辰日	음력 4월 8일 (农历)
현충일 显忠日	6월 6일
광복절 光复节; 独立纪念日	8월 15일
추석 中秋节	음력 8월 15일 (农历)
개천절 开天节; 建国日	10월 3일
한글날 韩文节	10월 9일
크리스마스 圣诞节	12월 25일

趣味插曲

这么说，瑜娜只有6岁?

히 로　유나 씨, 생일이 몇 월 며칠이에요?

유 나　2월 29일이에요.

히 로　2월 29일이요?

유 나　네, 맞아요. 2월 29일이에요.

히 로　那也就是说，你的 생일 每 4년 才 한 번。맞아요?

유 나　네, 맞아요. 所以说我现在只有 여섯 살。

히 로　哇! 棒极了! 你太年轻了!

韩国人独特的周岁宴(돌잔치)

한공주　피에르 씨, 어서 오세요. 谢谢你来参加我侄子的 돌잔치。

피에르　谢谢老师邀请我。可是，선생님, 돌잔치 具体是什么意思啊？

한공주　'돌' 呢，指的是第一个 생일。所以啊，돌잔치 就是说第一个 생일 파티。

　　　　除此以外，韩国人也非常重视60大寿(환갑)和70大寿(칠순)。

피에르　我明白了。咦？선생님, 前面在做什么呢？

한공주　是 돌잡이(抓周)。民间认为通过这个活动，可以预测孩子的未来。如果他抓到线的话，就表示他能长命百岁；如果抓到 연필 呢，表示他会成为一位大学者；如果抓到大米，表示他会健康；如果抓到 돈(钱)，则表示他会富有。

피에르　하하。这太有意思了! 嗨，小家伙，抓钱，抓钱!

지금 몇 시예요? 现在几点?

学习目标 I 时间表示法
韩国文化 I 韩国人的时间观念

🥤 情景对话   片段11 ☺

1 皮埃尔问瑜娜时间。

피에르 지금 몇 시예요?①   现在几点?

유 나 한 시 십 분이에요.②   1点10分。

2 苗苗问韩公主上课时间。

묘 묘 한국어 수업이 몇 시예요?   几点上韩国语课?

한공주 다섯 시 삼십 분이에요.   5点半。

3 皮埃尔问瑜娜几点有约。

피에르 오늘 약속 있어요?	今天有约吗?
유 나 네, 약속 있어요.	是的，有约。
피에르 약속이 몇 시예요?	那几点有约呢?
유 나 약속이 두 시 반이에요.③	两点半。

词汇及表达

지금 现在 **시** 点

지금 몇 시예요?[지금 멷씨예요] 现在几点? **분** 分，分钟

한국어[한구거] 韩国语 **수업** 课

약속[약쏙] 约定，约会 **회의[회이]** 会议

오전 上午 **오후** 下午

 # 对话说明

● **对话深入扩展**

① **지금 몇 시예요?**

지금 指的是"现在"，시 是"点"。合在一起，지금 몇 시예요? 的意思就是"现在几点?"。

② **한 시 십 분이에요.**

시 是"点"，분 是"分"。表达时间时，用韩国固有数字表示前面的小时，用韩国汉字数字表示后面的分钟。可能会有一些混淆，但必须要适应，熟能生巧。因此，한시 십분이에요 的意思就是"1:10 / 1点10分"。

③ **약속이 두 시 반이에요.**

2:30，应该读成 두시 삼십 분 或者 두시 반。반 的意思是"半(30分钟)"。注意，若读成 두시 반 时，应该省略其后的 분。

语法说明

● **韩国固有数字 + 시 : ～点**
 韩国汉字数字 + 분 : ～分

前面已经说过时间的读法。"点"和 "小时"应使用韩国固有数字，
而分钟则用韩国汉字数字。最初可能会混淆，但很快就会熟悉的。
另外，30分有 삼십 분 或者 반 两种读法。

• 한국어 수업이 다섯 시예요.　　5点上韩国语课。

• 약속이 열 시 삼십 분이에요.　　10点半有约。

• 회의가 두 시 반이에요.　　2点半开会。

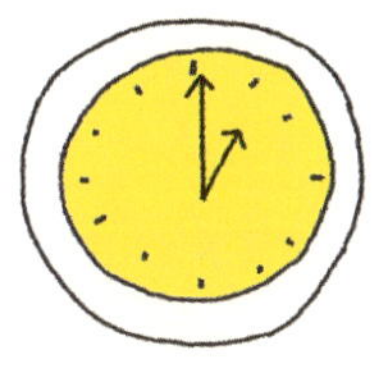
1:00
한 시

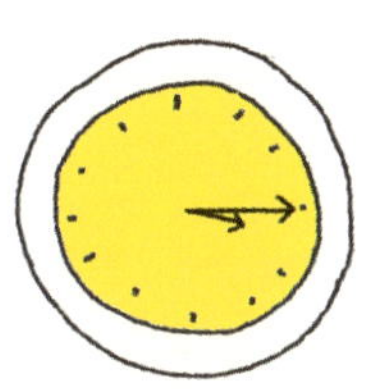
3:15
세 시 십오 분

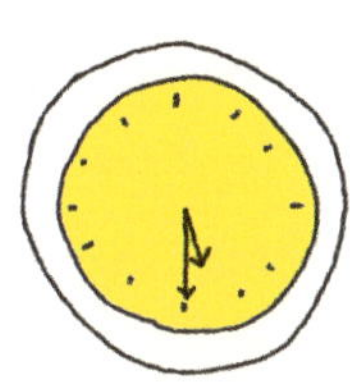
5:30
다섯 시 삼십 분
다섯 시 반

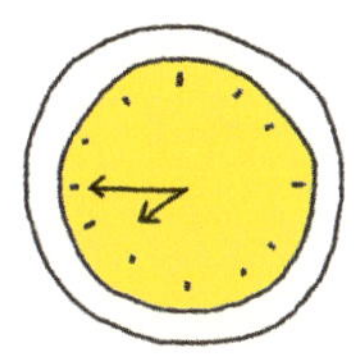
7:45
일곱 시 사십오 분

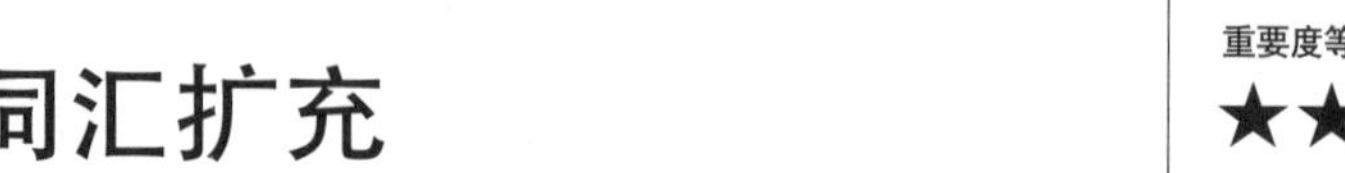

词汇扩充

TV 프로그램 电视节目

片段 11

뉴스 新闻，消息	다큐멘터리 纪录片，纪实片	시사 프로그램 时事节目
드라마 电视剧，连续剧	코미디 喜剧	시트콤 情景剧
영화 电影	스포츠중계 体育转播	토크쇼 脱口秀
버라이어티 쇼 综艺晚会	음악 방송 音乐节目	오락 방송 娱乐节目
광고 广告	퀴즈쇼 猜猜看，知识竞赛	오디션 프로그램 选秀节目

阿里郎TV

阿里郎TV作为一家公众机构，通过最尖端的传播媒介，向世界各地展示着韩国的独特风采。(www.arirang.co.kr)

趣味插曲

一个勤劳的国度!

피에르　근석 씨, 오늘 학원에 가요?

근 석　네, 영어 학원에 가요.

피에르　근석 씨, 영어 수업이 몇 시예요?

근 석　6시예요.

피에르　오후 여섯 시예요?

근 석　아니요, 오전 여섯 시예요.

피에르　오전 여섯 시요?

　　　한국 사람 너무(太) 부지런해요(勤勞)!

韩国人的时间观念

한공주 피에르 씨, 무슨 일 있어요?

피에르 真是气死我了，한국 여자 怎么这么不遵守时间。

我以前交的 여자 친구 是这样，现在交往的这个 여자 친구 还是这样。

한공주 호호, 我年轻的时候也是那样的。

피에르 您也一样？为什么啊？

한공주 迟到一会儿是约会时的一种原则啊。

피에르 什么？

한공주 如果一个 여자 准时到的话，就表明她喜欢 남자 要胜过对方喜欢她。

피에르 我明白了。所以呢，迟到仅仅意味着她在隐藏自己的情感，实际上，

她还是喜欢我的。

한공주 没错。但是事情总是在变化的，한국 여자 最近也变得很守时了。

불고기 2인분하고 소주 한 병 주세요. 来两人份烤肉，一瓶烧酒。

学习目标 ┃ 点餐2
韩国文化 ┃ 在韩国点餐

 ## 情景对话　片段12

1 根硕请玛丽在一家韩国餐厅吃饭。

근 석　불고기 2인분하고 소주 한 병 주세요.　　来两人份烤肉，一瓶烧酒。

　　　마리 씨, 맛있게 드세요.①　　　玛丽，慢慢儿吃。

마 리　잘 먹겠습니다.②　　　（那我就）不客气了。

就餐后⋯⋯

마 리　잘 먹었습니다.③　　　我吃好了，谢谢你！

2 阿香在一家咖啡厅。

ㅎ엉　아메리카노 한 잔하고
　　　카페라테 한 잔 주세요.④

(我要)一杯美式咖啡和一杯牛奶咖啡。

3 阿香在一家汉堡包店。

ㅎ엉　치즈버거 두 개하고
　　　콜라 두 개 주세요.⑤

(我要)两个芝士汉堡包，两杯可乐。

词汇及表达
소주 烧酒　-하고 和
(KN) + 개 个　(KN) + 잔 杯　(SN) + 인분 人份　(KN) + 병 瓶
맛있게 드세요[마싣께 드세요] 请慢用!
잘 먹겠습니다[잘 먹껟씀니다] 很高兴接受你的邀请 /（那我就）不客气了
잘 먹었습니다[잘 머걷씀니다] 谢谢你的邀请 / 我吃好了
치즈버거 芝士汉堡包　콜라 可口可乐
아메리카노 美式咖啡　카페라테 牛奶咖啡，拿铁咖啡

 对话说明

● **对话深入扩展**

① **맛있게 드세요.**

맛있게 的意思是"美味地"，드세요 的意思是"请用餐"。因此，맛있게 드세요 的意思就是"请美味地用餐！/ 请慢慢儿吃！/ 祝你用餐愉快！"邀请某人吃饭的时候常这样使用。

② **잘 먹겠습니다.**

잘 指的是"好好儿地"，먹겠습니다 是将来时，意思是说"要吃什么东西"。잘 먹겠습니다，意思是说"谢谢你请我吃饭"，常用在某人被邀请吃饭时。年轻人之间也常常用这个来开玩笑，隐含的意思就是"（这顿饭）你来付钱吧！"

③ **잘 먹었습니다.**

먹었습니다 是过去时制，是"吃了"。잘 먹었습니다 的意思是说"谢谢你的招待！/ 我吃好了。"饭前说一句 잘 먹겠습니다，表示"很高兴接受你的邀请"；饭后说一句 잘 먹었습니다，表示"谢谢你的邀请"，这在韩国是非常重要的礼仪。

④ **아메리카노 한 잔하고 카페라테 한 잔 주세요.**

아메리카노 한 잔 的意思是说 "一杯美式咖啡", 하고 的意思是 "和", 카페라테 한 잔 的意思是 "一杯牛奶咖啡"。

⑤ **치즈버거 두 개하고 콜라 두 개 주세요.**

치즈버거 두 개 的意思是 "两个芝士汉堡包", 콜라 두개 的意思是 "两杯可乐"。连在一起说 치즈버거 두 개하고 콜라 두 개 주세요 就是指 "我要两个芝士汉堡包和两杯可乐"。

语法说明

● 名量词一览

根据名量词，要选择合适的数词(固有数字或汉字数字)。

一起来看下表。

使用韩国固有数字的名量词					
개 个	시 点	잔 杯	병 瓶	명/분 名；位	살 岁

使用韩国汉字数字的名量词					
원 元；块	분 分；分钟	월 月	호 号	층 层；楼	번 号(序列)

- 사과 다섯 개 주세요.   (我)要5个苹果。
- 소주 한 병 주세요.   来一瓶烧酒。
- 사무실이 삼 층이에요.   办公室在3楼。
- 몇 살이에요?❶   (你)多大？ / (你)几岁？

⭐ 몇 살이에요?

在韩国，一个人的年龄并不算是私人问题。如果不想告知自己的年龄，可以回答说 비밀이에요(这是秘密)。另外，如果想问年纪大的人的年龄，我们应该用尊敬的表达方法 연세가 어떻게 되세요? 也可以在 연세가 어떻게 되세요? 之前再加上 실례지만(对不起，但是……)，转换成一种更为礼貌的表达用法。

🟡 名词 + 하고 + 名词 : 和～

若要表达很多事情或很多人的时候，应该用 하고 来连接。但是，应该注意的是，在第一个名词和 하고 之间没有空格，而 하고 和第二个名词要隔写。

- 햄버거하고 콜라 주세요.　　　　　　　(我要)汉堡包和可乐。
- 햄버거 하나하고 콜라 한 잔 주세요.　　(我要)一个汉堡包和一杯可乐。
- 불고기 2인분하고 소주 한 병 주세요.　来两人份烤肉和一瓶烧酒。

과일 & 채소 水果 & 蔬菜

片段 12

바나나
香蕉

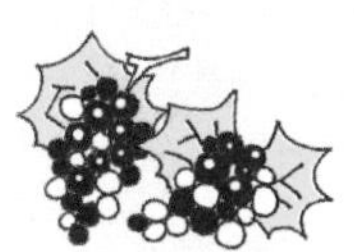

포도
葡萄

딸기
草莓

수박
西瓜

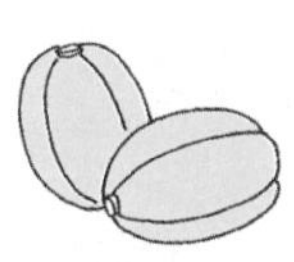

참외
甜(香)瓜

파인애플
菠萝

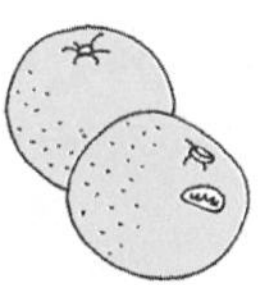

오렌지
橙子

파
葱

마늘
蒜

오이
黄瓜

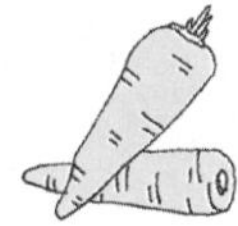

당근
胡萝卜

상추
生菜

사과 苹果	배 梨	귤 橘子	메론 甜瓜; 哈密瓜	복숭아 桃子	감 柿子	토마토 西红柿
망고 芒果	블루베리 蓝莓	양파 洋葱; 圆葱	배추 白菜	감자 土豆	고구마 地瓜; 红薯	콩 大豆; 黄豆

趣味插曲

一人份? 两人份?

히로하고 흐엉 去一家 식당, 那儿的 수제비(面片儿汤)非常有名。

히 로　수제비 2인분 주세요.

热腾腾的 수제비 端上来了。就在这时, 흐엉 的 전화 响了。

흐 엉　히로 씨, 먼저 드세요(你先吃)。我接个电话，马上回来。

흐엉 离开了一小会儿, 这时, 히로 开始吃起 수제비 来。等 흐엉 接完 电话回来, 她惊讶地发现 히로 已经把 수제비 都吃光了。

흐 엉　你一定是饿坏了吧!

히 로　와우, 简直是太好吃了, 不过 1인분 有点儿太多了!

흐 엉　히로 씨, 이게 2인분이에요. 碗里的是 2인분.

히 로　哦, 天啊! 그래요? 难怪我感觉我的肚皮都要撑破了……。

在韩国饭店续添小菜

마 리 근석 씨, 김치찌개 真好吃。当然，其他的 반찬(小菜)味道也不错。

근 석 是啊! 在我们 학교 附近的 식당 中，这家是最好吃的。

마 리 可惜的是我们已经把所有的小菜都吃光了。我还想再吃一点儿……

　　　　 小菜贵不贵? 还能再点吗?

근 석 걱정하지 마세요(别担心)。在 한국 식당，这些 반찬，我们想吃多少，就吃多少，

　　　　 免费续添!

마 리 真的吗? 免费? 哇，太棒了! 不用另付钱，也不收小费!

　　　　 한국 식당 的主人肯定都是热心肠!

오늘 뭐 해요? 今天做什么?

学习目标 ｜ 询问日程安排
韩国文化 ｜ 韩国的咖啡文化

 情景对话　片段13

1 瑜娜询问宽子的日常生活。

유 나	요즘 뭐 해요?①	最近做什么?
히 로	한국어(를) 공부해요.②	学习韩国语。
유 나	어디에서 공부해요?③	在哪儿学习?
히 로	학교에서 공부해요.	在学校学习。

2 韩公主问皮埃尔的日程安排。

한공주 오늘 뭐 해요?　　　　　今天(你)做什么?

피에르 친구(를) 만나요.　　　　见朋友。

한공주 어디에서 친구(를) 만나요?　在哪里见朋友?

피에르 카페베네에서 친구(를) 만나요.　在 Caffe Bene(咖啡陪你店)见朋友。

3 苗苗询问根硕明天的日程安排。

묘 묘 내일 뭐 해요?④　　　　明天(你)要做什么?

근 석 운동해요.　　　　　　(我)要去运动。

묘 묘 어디에서 운동해요?　　在哪儿运动?

근 석 공원에서 운동해요.　　在公园运动。

词汇及表达

요즘 最近　**해요** 做

요즘 뭐 해요? 最近做什么?

공부해요 学习　**학교** 学校　**친구** 朋友　**만나요** 见(面)　**내일** 明天

운동해요(운동하다) 运动, 锻炼　**공원** 公园

对话说明

● 对话深入扩展

① 요즘 뭐 해요?

요즘 指的是 "最近"，뭐 的意思是 "什么"，해요 的意思是 "做"。连在一起，요즘 뭐 해요? 的意思就是说 "最近做什么?"。

② 한국어(를) 공부해요.

한국어 的意思是 "韩国语"，-를 在这里是一个宾格标志词，공부해요 的意思是 "学习"。因此，整句话 한국어를 공부해요 的意思就是说 "我学习韩国语"。日常会话中，宾格标志词常被省略。

③ 어디에서 공부해요?

어디 的意思是 "哪儿"，-에서 是一个地点标志词。어디에서 공부해요? 的意思就是说 "在哪儿学习?"。

④ 내일 뭐 해요?

내일 的意思是 "明天"。因此，내일 뭐 해요? 这句话的意思就是说 "明天做什么?"。在韩国语里，这种情况，可以用现在时态来代替将来时态。至于将来时态的用法，我们将在日后介绍。

语法说明

● 名词 + 을 / 를：宾格标志词

宾格标志词 −을 / −를 用在句子中的宾格名词后，在口语中常被省略。

辅音收尾 + 을	元音收尾 + 를

- 한국말(을) 공부해요.　　　学习韩国语。
- 김밥(을) 먹어요.　　　吃紫菜包饭。
- 친구(를) 만나요.　　　见朋友。
- 커피(를) 마셔요.　　　喝咖啡。

● 地点名词 + 에서：地点标志词

地点标志词 −에서 用在句子中的地点名词后，用来更清楚地表达事件所发生的地点。这种用法类似于英语中的介词 "on"、"at" 或 "in"。通常在动词前加上 −에서，但是有一个例外，那就是 가요 和 있어요 两个词。就像前面第7单元中介绍过的那样，在这两个词前面应该使用 −에。

- 학교에서 공부해요. 在学校学习。

- 스타벅스에서 친구를 만나요. 在星巴克见朋友。

- 삼성에서 일해요. 在三星公司工作。

- 구글에서 아르바이트해요. 在谷歌公司打工。

● 动词

韩国语的动词分为词根形式和句子形式两种。造句的时候，应该注意将词根形式转换为相应的句子形式。首先，来看一下非正式的礼貌收尾方式。韩国语里所有的动词均以 -다 结尾。在一个动词里，将去掉 다 后剩下的部分称作动词词干。

1) 若动词词干以 ㅏ 或者 ㅗ 收尾，后添加 -아요。

以元音 ㅏ 收尾的动词词干。

- 가(다) 去 + 아요 → 가아요 → 가요

- 만나(다) 见; 见面 + 아요 → 만나아요 → 만나요

- 살(다) 住; 生活 + 아요 → 살아요

以元音 ㅗ 收尾的动词词干。

- 오(다) 来 + 아요 → 오아요 → 와요

- 보(다) 看; 观看 + 아요 → 보아요 → 봐요

两个元音相遇时，通常要缩写(例如：가아요 → 가요; 오아요 → 와요)。

2) 若动词词干以 ㅏ 或者 ㅗ 之外的其他元音收尾，则后添加 -어요。

• 먹(다) 吃 + 어요 → 먹어요

• 마시(다) 喝 + 어요 → 마시어요 → 마셔요

两个元音相遇时，通常要缩写(例如: 마시어요 → 마셔요)。

3) 若动词以 -하다 收尾，则后添加 -여요。 所有的 -하다 动词均

　变换为 -해요。

• 공부하다 学习 → 공부하여요 → 공부해요

• 일하다 工作 → 일하여요 → 일해요

• 전화하다 打电话 → 전화하여요 → 전화해요

两个元音相遇，通常要缩写(例如: 공부하여요 → 공부해요)。

● ㄷ 的不规则变化

为了发音方便而将元音前的 ㄷ 改写成 ㄹ。

• 듣다 听 → 듣어요 → 들어요

• 걷다 走 → 걷어요 → 걸어요

• 묻다 问 → 묻어요 → 물어요

• 뭐 들어요? 听什么?

词汇扩充

기본 동사 基本动词

词根 – 较正式的礼貌表达
词义

片段 13 

가다 – 가요
去

만나다 – 만나요
见面

보다 – 봐요
看

먹다 – 먹어요
吃

듣다 – 들어요
听

전화하다 – 전화해요
打电话

이야기하다 – 이야기해요
聊天, 谈话

쇼핑하다 – 쇼핑해요
逛街, 购物

파티하다 – 파티해요
开宴会, 开派对

산책하다 – 산책해요
散步

오다 – 와요 来	마시다 – 마셔요 喝
공부하다 – 공부해요 学习	일하다 – 일해요 工作
식사하다 – 식사해요 吃饭	운동하다 – 운동해요 运动, 锻炼
여행하다 – 여행해요 旅行, 旅游	컴퓨터 하다 – 컴퓨터 해요 用电脑
데이트하다 – 데이트해요 约会	다이어트하다 – 다이어트해요 减肥

趣味插曲

玛丽在购物天堂 — 韩国生活的乐趣

피에르　마리 씨, 오후에 뭐 해요?

마 리　쇼핑해요.

피에르　그럼, 주말(周末)에 뭐 해요?

마 리　쇼핑해요.

피에르　항상(经常) 쇼핑해요?

마 리　네, 밤에도(晚上也) 쇼핑해요.

　　　　한국은 정말(真的是) 쇼핑 파라다이스(天堂)예요.

피에르　噢，你的 남자 친구 真是太可怜了!

咖啡之国 — 韩国

히 로 묘묘 씨, 아메리카노 여기 있어요.

묘 묘 고마워요.

히 로 这家 카페 人这么多啊!

일본 사람 喜欢 커피, 但是我想 한국 사람 更喜欢 커피。

묘 묘 맞아요. 한국 是星巴客未能成为顶级咖啡连锁店的唯一一个国家。去年 Caffe Bene(咖啡陪你) 占了鳌头。

한국 사람 每年大约消费2300亿杯咖啡!

히 로 와우, 简直不敢相信!

我也特别喜欢 한국 的混合咖啡。奶油与砂糖的组合是如此地完美。

不过, 중국 사람 喝茶喝得多一些, 对吗?

묘 묘 네. 但是, 最近 한국 브랜드(品牌) 카페 也开始纷纷在 중국 开设分店。

我觉得 중국 也开始迷恋起 커피。

히 로 한국 커피 正在走向全世界。

我该学一学如何才能成为一名 바리스타(咖啡师)!

몇 시에 극장에 가요? 几点去剧院?

学习目标 ┃ 约会用语
韩国文化 ┃ 北村博物馆

情景对话　片段 14

1 阿香问巴特今天都有什么安排。

흐 엉	바트 씨, 오늘 뭐 해요?	巴特，今天做什么?
바 트	영화 봐요.①	看电影。
흐 엉	몇 시에 극장에 가요?②	几点去剧院呢?
바 트	일곱 시에 극장에 가요.	7点去。

2

阿香问巴特有关他要看的电影。

호 엉	영화가 몇 시에 시작해요?	电影几点开始？
바 트	영화가 7시 반에 시작해요.	电影7:30开始。
호 엉	영화가 몇 시에 끝나요?	(那)几点结束呢？
바 트	영화가 9시 반에 끝나요.	9:30结束。

3

根硕询问韩公主的周末计划。

근 석	일요일에 뭐 해요?	星期天您要做什么？
한공주	박물관에 가요.	去博物馆。
근 석	누구하고 박물관에 가요?③	和谁一起去博物馆呢？
한공주	비밀이에요.	这是秘密。

4

玛丽向根硕提议一起去打网球。

마 리	테니스 칠 수 있어요?	你会打网球吗？
근 석	네, 칠 수 있어요.	是的，会打。
마 리	그럼, 우리 같이 테니스 쳐요.④	那我们一起去打吧。
근 석	좋아요.	好啊。

마 리	토요일 오전에 시간 있어요?	星期六上午有时间吗?
근 석	네, 시간 있어요.	是的，有时间。
마 리	토요일 오전에 테니스 쳐요.	星期六上午一起去打网球吧。
근 석	어디에서 쳐요?	在哪里打?
마 리	학교 테니스장에서 쳐요.	在学校网球场打。

词汇及表达

영화(를) 봐요 看电影　**극장(에) 가요** 去剧院　**극장** 剧院

시작해요[시자캐요](시작하다) 开始　**끝나요[끈나요](끝나다)** 结束　**박물관[방물관]** 博物馆

누구 谁　**-하고** 和　**누구하고** 和谁　**비밀이에요[비미리에요]** (这)是秘密

테니스 치다🌟 打网球　**조금** 一点儿　**우리** 我们, 咱们　**토요일** 星期六

오전 上午　**테니스장** 网球场

🌟**테니스 치다**

치다 的意思是"玩、打、弹、敲"，有很多词汇可以和 치다 一起组合使用。例如：
테니스 쳐요 打网球 / 골프 쳐요 打高尔夫 / 기타 쳐요 弹吉他
피아노 쳐요 弹钢琴/ 드럼 쳐요 敲架子鼓
不过，"dance"在韩国语里是 춤 추다 的意思，应将其变换为 춤 춰요，注意，并不
是 춤 쳐요。

对话说明

● **对话深入扩展**

① **영화 봐요.**

영화 的意思是 "电影", 봐요 的意思是 "看, 观看"。因此, 合在一起, 영화 봐요 的意思就是 "看电影"。另外, 也可以说 TV 봐요, 드라마 봐요, 뉴스 봐요, 신문(报纸) 봐요 等。

② **몇 시에 극장에 가요?**

몇 시 的意思是 "几点", -에 是一个时间标志词, 用于表示时间, 日期, 星期的名词后面。몇 시에 극장에 가요? 这句话的意思就是 "你几点去剧院?"。

③ **누구하고 박물관에 가요?**

누구 的意思是 "谁", -하고 意味着 "和"。누구하고 박물관에 가요? 连在一起就是 "和谁一起去博物馆?"。

④ **우리 같이 테니스 쳐요.**

우리 是指 "我们, 咱们", 같이 的意思是 "一起", 테니스 쳐요 的意思是 "打网球"。连在一起, 우리 같이 테니스 쳐요 的意思就是 "咱们一起打网球吧"。

语法说明

● 时间名词 + 에：时间标志词

–에 作为一个时间标志词，用在时间名词之后，类似于英语中的
"at、on、in"。值得注意的是，在名词与 –에 之间并没有空格。另
外，还应该注意，–에 不能用在 지금（现在）、오늘（今天）或者 요
즘（最近）等名词的后面。

时间名词 + 에

- 일곱 시에 극장에 가요.　　7:00去剧院。
- 토요일에 뭐 해요?　　星期六做什么？
- 1월 1일에 뭐 먹어요?　　1月1号吃什么？

● 动词词干 + (으)ㄹ 수 있다：能～
动词词干 + (으)ㄹ 수 없다：不能～

动词词干 + (으)ㄹ 수 있다 表示与动词有关的某种可能性或者能
力。"动词词干"是指一个动词不带 다 的所谓词根形式。–(으)ㄹ 수
있다 表示"能够～"；相反，–(으)ㄹ 수 없다 则表示"不能～"。若
动词词干以元音收尾，应该用 –ㄹ 수 있다 / –ㄹ 수 없다。若动词
词干以辅音收尾，则应用 을 수 있다 / 을 수 없다。

元音收尾 **+ ㄹ 수 있다 / ㄹ 수 없다**
辅音收尾 **+ 을 수 있다 / 을 수 없다**

- 영어 할 수 있어요?　　　　能说英语吗?
- 지금 공부할 수 없어요.　　　现在不能学习。
- 오늘 만날 수 있어요?　　　　今天能见面吗?
- 김치 먹을 수 없어요?　　　　不能吃泡菜吗?

● 动词词干 **+ 아 / 어 / 여요** : 我们～吧

动词词干 **+ 아 / 어 / 여요** 指的是 "我们～吧"。作为较正式的礼貌形式，无论是陈述句、疑问句，还是祈使句、命令句，其动词收尾形式都一样。当然，各自的语调是不一样的。

- 같이 가요.　　　　　　一起去吧。
- 토요일에 영화 봐요.　　星期六去看电影吧。
- 커피 마셔요.　　　　　喝咖啡吧。

공부해요.↘   (我)学习。

공부해요?↗   (你)学习吗?

공부해요~ →(咱们)一起学习吧。

공부해요!↓   学习去!

年轻人在开玩笑的时候，喜欢写 공부해요. 공부해요?

공부해요~ 공부해욧!

词汇扩充

요일 이름 —周七天的表达方法

片段 14

월요일[워료일]	星期一
화요일	星期二
수요일	星期三
목요일[모교일]	星期四
금요일[그묘일]	星期五
토요일	星期六
일요일[이료일]	星期天, 星期日

最后，请按顺序记住：월화수목금토일。

词汇扩充

일상생활 日常生活

词根 — 较正式的礼貌表达
词义

片段 14

일어나다 – 일어나요
起床

자다 – 자요
睡觉

인터넷 하다 – 인터넷 해요[인터네태요]
上网

양치하다 – 양치해요
刷牙

청소하다 – 청소해요
打扫

빨래하다 – 빨래해요
洗，洗涤

요리하다 – 요리해요
做菜

앉다 – 앉아요[안자요]
坐

세수하다 – 세수해요 洗脸	샤워하다 – 샤워해요 淋浴
화장하다 – 화장해요 化妆	신문 읽다 – 신문 읽어요[신문 일거요] 读报纸
뉴스 보다 – 뉴스 봐요 看新闻	음악 듣다 – 음악 들어요[으막 드러요] 听音乐
수업하다 – 수업해요[수어패요] 上课	리포트 쓰다 – 리포트 써요 写报告
머리 빗다 – 머리 빗어요[머리 비서요] 梳头	게임하다 – 게임해요 玩游戏
쉬다 – 쉬어요 休息	설거지하다 – 설거지해요 刷碗
다리미질하다 – 다리미질해요 熨烫	기도하다 – 기도해요 祈祷
놀다 – 놀아요[노라요] 玩儿	사진 찍다 – 사진 찍어요[사진찌거요] 照相
옷(을) 입다 – 옷 입어요[온니버요] 穿衣服	옷(을) 벗다 – 옷 벗어요[옫버서요] 脱衣服

趣味插曲

根硕的爱好

피에르 근석 씨, 골프 쳐요?

근 석 네, 쳐요.

피에르 어디에서 쳐요?

근 석 학교 앞에서 쳐요.

피에르 와우, 학교 앞? 학교 앞에 골프장이 있어요?

근 석 그럼요(当然). 하하.

　　　　스크린 골프장(模拟高尔夫球场)이 아주(非常) 좋아요.

피에르 그래요? 那以后我也去那儿练习。

北村博物馆

근 석 흐엉 씨, 여기가 북촌이에요. 这里整个村庄就是一个 박물관。북촌에서, 你能欣赏到建于朝鲜王朝时期的 한옥(韩国人的传统房屋) 的魅力!

흐 엉 哇! 在 북촌 박물관, 还能看到什么?

근 석 首先, 在这里能欣赏朝鲜王朝艺术的魅力。从北村的这个观测平台望下去, 周围的景色会令你赞不绝口。不仅如此, 还可以去其他的 박물관 参观一下, 比如说, 북촌 생활사(生活历史) 박물관, 자수(刺绣) 박물관, 매듭(绳结) 박물관, 민화(民画) 박물관, 불교미술(佛教艺术) 박물관 等等。

흐 엉 哇, 我都想看。不过, 应该要花很多钱吧?

근 석 不用担心。花10,000元买一张通票, 能自由地参观这5个 박물관。通票在任何一个 박물관 都可以买得到。

흐 엉 太棒了。那咱们去买通票吧!

(http://bukchon.seoul.go.kr)

아침 식사 안 해요. （我）不吃早饭。

学习目标 ｜ 享受美味食物
韩国文化 ｜ 韩国人最喜爱的小吃 — 炒年糕

情景对话　片段 15

1　皮埃尔问瑜娜关于早饭的问题。

피에르	몇 시에 아침 식사 해요?①	几点吃早饭？
유 나	아침 식사 안 해요.②	（我）不吃早饭。
피에르	다이어트해요?	（你）在减肥吗？
유 나	네, 다이어트해요.	是的，（我）在减肥。
피에르	다이어트 필요 없어요.	（你）没必要减肥。

유 나 아니요. 다이어트 필요해요.　　　　　不，(我)需要减肥。

2　宽子问韩公主关于午饭的事情。

히 로 누구하고 점심 식사 해요?　　　　　(您)和谁一起吃午饭？

한공주 동료하고 점심 식사 해요.　　　　　和同事一起吃午饭。

3　根硕问皮埃尔关于晚饭的事情。

근 석 저녁에 뭐 먹어요?③　　　　　晚饭吃什么？

피에르 보통 한식 먹어요.④　　　　　一般吃韩国料理。

근 석 한식 좋아해요?　　　　　喜欢吃韩国料理吗？

피에르 네, 아주 좋아해요.　　　　　是的，非常喜欢。

词汇及表达
아침 早上, 早饭　**점심** 中午, 午饭　**저녁** 晚上; 晚饭
식사해요(식사하다) 吃饭, 进餐　**다이어트해요(다이어트하다)** 减肥
－이 / －가 필요해요[피료해요](필요하다) 需要~
－이 / －가 필요 없어요[피료업써요](필요 없다) 不需要~ / 不必~
동료 同事　**보통** 一般, 通常　**한식** 韩国料理　**아주** 很, 非常
좋아해요[조아해요](좋아하다) 喜欢

 对话说明

● **对话深入扩展**

① **몇 시에 아침 식사 해요?**

아침 的意思是"早上；早饭"，식사 的意思是"饭"。所以，아침 식사 用来指"早饭"。整句话 몇 시에 아침 식사 해요? 的意思就是"(你)几点吃早饭?"。

② **아침 식사 안 해요.**

안 表示否定的意思，用于动词前或者名词与 하다 之间。

③ **저녁에 뭐 먹어요?**

저녁 的意思是"晚上；晚饭"。于是，저녁에 뭐 먹어요? 的意思就是"晚饭吃什么?"。

④ **보통 한식 먹어요.**

보통 的意思是"一般，通常"，한식 指的是"韩国饮食"。因此，보통 한식 먹어요 的意思就是"一般吃韩餐"。

语法说明

● 안 + 动词 : 不~

안 表示否定，用于动词前。但是，对于名词后加 하다 而形成的这一类动词(比如，공부하다, 일하다, 산책하다, 데이트하다 等等) 则将 안 置于 하다 前表示否定。例如，공부 안 하다, 일 안 하다, 산책 안 하다 或者 데이트 안 하다(공부 是 "学习"，일 是 "工作"，산책 是" 散步"，데이트 是 "约会")。

然而，좋아하다 并不是一个组合动词。因此，应该说 안 좋아해요, 注意，不能说成 좋아 안 해요。同样，필요해요 是一个形容词，也应该说成 안 필요해요，而不是 필요 안 해요。

- 고기 먹어요. 吃肉。　　　→ 고기 안 먹어요. 不吃肉。
- 교회에 가요. 去教会。　　→ 교회에 안 가요. 不去教会。
- 초콜릿 좋아해요. 喜欢巧克力。　→ 초콜릿 안 좋아해요. 不喜欢巧克力。
- 영어 공부해요. 学英语。　→ 영어 공부 안 해요. 不学英语。

词汇扩充

★ ★ ★ ★ ☆

음식 食物　　　　　　　　　　　　　　片段 15 

빵
面包

샌드위치
三明治

케이크
蛋糕

햄버거
汉堡包

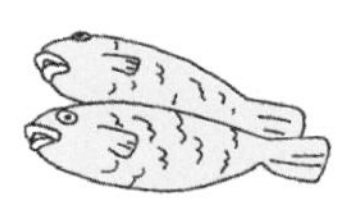

생선
鱼

피자
比萨饼

만두
饺子

볶음밥
炒饭

라면
方便面

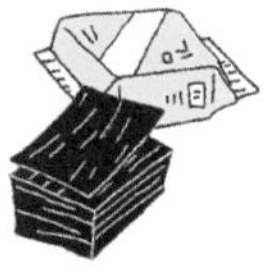

김
紫菜

밥
米饭

김밥
紫菜包饭

토스트 吐司, 烤面包	버터 黄油, 奶油	잼 果酱
채소 蔬菜	과일 水果	샐러드 沙拉
소고기 牛肉	돼지고기 猪肉	닭고기 鸡肉
스파게티 意大利面	짜장면 炸酱面	두부 豆腐
떡볶이 炒年糕	순대 米肠	튀김 油炸(食品)
반찬 小菜	안주 下酒菜	설탕 白糖
소금 盐	간장 酱油	고추장 辣椒酱

주방 용품 厨房用具

그릇 碗	포크 叉子	나이프 刀	컵 杯	접시 盘子, 碟子

趣味插曲

极易混淆的词汇

한공주　피에르 씨, 오늘 뭐 먹어요?

피에르　오늘 선생 먹어요.

한공주　네??? 太不像话了!

皮埃尔很惊慌，因为韩公主突然生气了。

피에르　??? 我想吃鱼。

한공주　鱼是 생선 , 선생 是老师。

피에르　하하! 我明白了! 선생 & 생선!

　　　　오늘 생선 먹어요.

韩国人必吃的约会小吃——炒年糕

바 트 으아, 这么辣! 떡볶이 实在是太辣了!

유 나 하하, 바트 씨. 你一定要学会吃这些辣的食物。

바 트 是啊。虽然很辣， 但我还是每天都吃 떡볶이。真的特别好吃。

我吃 떡볶이 都吃上瘾了。유나 씨, 떡볶이 是怎么做的啊?

유 나 主要是用年糕，再放上辣椒酱、辣椒面、大葱和白糖等。떡볶이 是一种甜食。

我建议你去 포장마차(snack stall) 尝尝 떡볶이。

如果你想和 한국 여자 约会的话, 去 포장마차 吃 떡볶이 也不错啊。

但要记住， 只能当零食吃， 千万不可以当正餐!

바 트 好的, 我记住了。

한국어가 어때요? 韩国语怎么样?

学习目标 I 发表意见
韩国文化 I 韩国男人

 ## 情景对话　片段 16

1 皮埃尔问苗苗有关韩国语的事情。

피에르	요즘 뭐 해요?	最近做什么?
묘 묘	한국어(를) 공부해요.	学习韩国语。
피에르	한국어가 어때요? ①	韩国语怎么样?
묘 묘	재미있어요.	很有意思。

2 皮埃尔问苗苗有关韩国料理的事情。

피에르	한국 음식 좋아해요?	喜欢韩国料理吗?
묘 묘	네, 한국 음식 좋아해요.	是的，很喜欢。
피에르	맵지 않아요?	不辣吗?
묘 묘	아니요, 좀 매워요.②	不，有点儿辣。

3 宽子问玛丽对韩国男人的印象。

히 로	한국 남자 친구 있어요?	有韩国男朋友吗?
마 리	네, 한국 남자 친구 있어요.	是的，有男朋友，是韩国人。
히 로	한국 남자(가) 어때요?	韩国男人怎么样?
마 리	한국 남자(가) 친절해요.	韩国男人很体贴。

词汇及表达

요즘 뭐 해요? 最近做什么?

−이 / −가 어때요? ~怎么样?　**재미있어요[재미이써요](재미있다)** 有意思

음식 食物, 饮食　**매워요(맵다)** 辣　**좀** 稍微, 一点儿　**친절해요(친절하다)** 亲切, 热情

# 对话说明

● **对话深入扩展**

① **한국어가 어때요?**

-이 / -가 어때요 的意思是指 "～怎么样?"。한국어가 어때요? 的意思就是 "韩国语怎么样?"。

② **아니요, 좀 매워요.**

在回答否定疑问句的时候，注意，表示赞同要用 아니요，表示否定要用 네 来回答。但是，最近类似于英语中相反的回答在一部分韩国人当中正逐渐成为一种趋势。

名词 + 이 / 가 어때요? : ～怎么样?

若想要询问某事，应该使用 ～이 / ～가 어때요? 这个句型。在非正式的场合，이 / 가 常被省略。

- 서울(이) 어때요?　　　　　　　　首尔怎么样?
- 한국어(가) 어때요?　　　　　　　韩国语怎么样?
- 한국 남자(가) 어때요?　　　　　　韩国男人怎么样?
- 요즘 어때요?　　　　　　　　　　最近怎么样?

― 的不规则变化

若 ― 出现在元音前，需将其分离脱落。这是一种自然的缩略规律，发生得很自然。

- 바쁘다 忙 → 바쁘아요 → 바빠요

  요즘 바빠요.　　　　　　　　最近忙。
- 아프다 疼 → 아프아요 → 아파요

  머리가 아파요.　　　　　　　头疼。
- 예쁘다 漂亮 → 예쁘어요 → 예뻐요

  유나가 예뻐요.　　　　　　　瑜娜漂亮。

● ㅂ 的不规则变化❶

若 ㅂ 在元音前出现时，应将其变为 ㅜ。这种变化是和发音有关联的，因为若按照 ㅂ 去发音的话，会感到非常别扭、不自然。因此，要将 ㅂ 换成 ㅜ。

- 맵다 辣 → 맵어요 → 매워요
  김치가 매워요.　　　　　　　泡菜辣。
- 덥다 热 → 덥어요 → 더워요
  오늘 날씨가 더워요.　　　　　今天天气热。
- 아름답다 美丽 → 아름답어요 → 아름다워요
  제주도가 아름다워요.　　　　济州岛(很)美丽。

❶ 特例

돕다 和 곱다 是应改成 ㅗ 的两个特殊单词。

- 돕다 帮助 → 돕아요 → 도와요
  친구를 도와요.　　　　　　　帮助朋友。
- 곱다 好看. 俏丽 → 곱아요 → 고와요
  한복이 고와요.　　　　　　　韩服好看。

● **词干 + 지 않다 : 不~**

作为一个"不~"的否定表达式，在词干后添加 −지 않다 即变成相
应的否定表达。

- 그 식당이 싸요.　　　　　　→　그 식당이 싸지 않아요.
  那个饭店便宜。　　　　　　　　　那个饭店不便宜。

- 유나가 예뻐요.　　　　　　　→　유나가 예쁘지 않아요.
  瑜娜漂亮。　　　　　　　　　　　瑜娜不漂亮。

- 오늘 더워요.　　　　　　　　→　오늘 덥지 않아요.
  今天热。　　　　　　　　　　　　今天不热。

- 요즘 한국어를 공부해요.　　→　요즘 한국어를 공부하지 않아요.
  最近学韩国语。　　　　　　　　　最近不学韩国语。

형용사1 形容词1

韩国语 – 词根
词义

片段 16

좋아요[조아요] 好	좋다	나빠요 坏, 不好	나쁘다
친절해요 体贴, 热情	친절하다	불친절해요 不亲切	불친절하다
재미있어요[재미이써요] 有意思	재미있다	재미없어요[재미업써요] 没意思	재미없다
편해요 舒适, 安逸	편하다	불편해요 不舒服, 不自在	불편하다
맛있어요[마시써요] 美味, 可口, 好吃	맛있다	맛없어요[마덥써요] 无味, 不好吃	맛없다
바빠요 忙碌, 忙	바쁘다	피곤해요 疲劳, 困倦	피곤하다
커요 大	크다	작아요[자가요] 小	작다
아파요 生病, 不舒服	아프다	매워요 辣	맵다
짜요 咸	짜다	달아요[다라요] 甜	달다
싸요 便宜	싸다	비싸요 贵, 奢华	비싸다
예뻐요 漂亮, 好看	예쁘다	멋있어요[머시써요] 美好, 帅, 英俊	멋있다
아름다워요 美丽, 美好	아름답다	더워요 热	덥다
따뜻해요[따뜨태요] 暖和, 温暖	따뜻하다	추워요 寒冷	춥다

趣味插曲

可笑的相似词汇

유 나　한국 남자가 어때요?

마 리　맛있어요.

유 나　你在开玩笑吗?

마 리　不，我没有开玩笑。

　　　韩国男人真的很英俊。

유 나　啊~ 你的意思是说 한국 남자 "멋있어요".

마 리　对，就是这个意思!

유 나　你刚才说的是韩国男人 "好吃"。

마 리　오~ 我明白了! 哇! 我想我再也不会忘记 멋 & 맛 这两个词啦!

可爱的韩国男人

흐 영   마리 씨, 근석 씨하고 데이트해요?

마 리   네. 我们已经交往 1년 了。

묘 묘   와, 真羡慕你! 我在 중국 看 한국 드라마 的时候，就一直认为 한국 남자 멋있어요。他们有时 터프해요(刚强)，有时 친절해요(体贴)。再加上又都是 꽃미남(美男)，尤其是 송승헌，更 좋아해요。

흐 영   当然，人与人是不一样的，可是，我姐姐对她的 한국 老公可满意了。说他人又宽厚，又有责任感。

마 리   한국 남자 简直太可爱了!

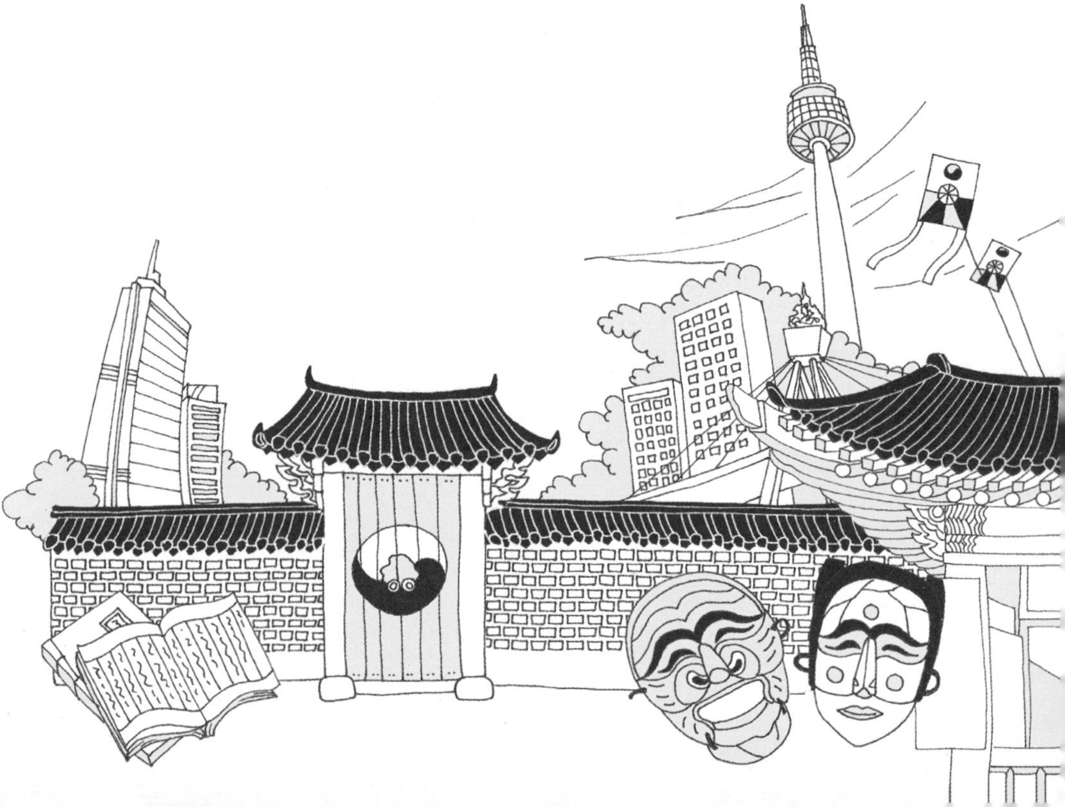

같이 저녁 식사 할까요? 一起吃晚饭，好吗？

学习目标 ┃ 和朋友一起用餐
韩国文化 ┃ 在韩国请客

 ## 情景对话　　片段 17

1 根硕在新村遇见玛丽，提议一起去吃晚饭。

근 석	같이 저녁 식사 할까요?①	一起去吃晚饭，好吗？
마 리	좋아요.	好啊。
근 석	뭐 먹을까요?	吃点儿什么？
마 리	삼겹살 먹어요.	吃五花肉吧。

| 근 석 | 어디에서 먹을까요? | 在哪儿吃好呢? |

| 마 리 | 강호동 식당에서 먹어요. | 在姜虎东餐厅吃吧, |
| | 강호동 식당이 신촌에 있어요. | 新村就有。 |

2 皮埃尔建议苗苗一起去看音乐剧。

피에르	토요일에 뮤지컬 볼까요?	星期六去看音乐剧，好吗?
묘 묘	좋아요.	好啊。
피에르	무슨 뮤지컬 볼까요?②	看什么音乐剧呀?
묘 묘	맘마미아 봐요.	看≪妈妈咪呀≫吧。
피에르	제가 토요일 저녁 티켓 예매할까요?	我来预定星期六晚上的票，怎么样?
묘 묘	좋아요. 고마워요.	好啊，谢谢啦!
피에르	몇 시에, 어디에서 만날까요?	几点，在哪里见面呢?
묘 묘	4시에 학교 정문에서 만나요.	4点在学校正门见面吧。
	우리 같이 저녁 식사 해요.	我们一起去吃晚饭。

3 **巴特请韩公主吃饭。**

바 트	제가 한턱낼게요.③	今天我请客。
한공주	무슨 일이에요?	有什么事儿吗?
바 트	취직했어요.④	找到工作了。
한공주	와우, 축하해요!	哇，祝贺你!
바 트	감사합니다.	谢谢!

词汇及表达

뭐 먹을까요?[뭐 머글까요] 吃点什么？ **삼겹살[삼겹쌀]** 五花肉

제가 我(主格) **뮤지컬** 音乐剧 **맘마미마** 妈妈咪呀

예매하다 预定, 定票

정문 正门 **우리**⬆ 我们, 咱们 **한턱내다** 请客 **제가 한턱낼게요** 我请客

무슨 什么 **취직했어요[취지캐써요]** 找到工作 **취직하다** 就业, 就职; 找工作

⬆우리

우리 指的是 "我们，咱们" 或者 "我们的"。传统上韩国人非常喜欢 우리 这个用语，而且广泛使用。这受制于韩国人群体家族文化的影响。人们喜欢用 우리(我们的)来代替 내 / 제(我的) 而使用。比方说，우리 집 指的是 "我家"，우리 엄마 指的是 "我妈妈"，우리 남편 指的是 "我丈夫"。可是，千万不要误解，韩国仍然是一夫一妻制国家。

对话说明

● **对话深入扩展**

① 같이 저녁 식사 할까요?

같이[가치] 的意思是 "一起"，－(으)ㄹ까요? 的意思是 "咱们要～吗?"，连在一起，같이 저녁 식사 할까요? 的意思就是 "咱们一起吃晚饭，好吗?"。

② 무슨 뮤지컬 볼까요?

무슨 用在名词前，指的是 "什么"。무슨 뮤지컬 볼까요? 的意思是 "咱们看什么音乐剧呢?"。

③ 제가 한턱낼게요.

한턱내다 的意思是 "(在某种特殊的情况下)请某人吃饭"，例如，职位晋升或者考试通过等。제가 한턱낼게요 这句话的意思是 "我来请客 / 我来招待你"。在这里，제 是 "我" 的谦虚用法。最近，年轻人不常说 한턱낼게요, 而是经常说 내가 쏠게요(直译过来即是 "我来射击")。

④ 취직했어요.

취직하다 的意思是 "找工作"，취직했어요 是 취직하다 的过去时态。关于这种表达用法，我们将在24单元进行介绍。

● 动词词干 + (으)ㄹ까요? : (我们)要～? / (我)要～?

–(으)ㄹ까요? 的意思是说"我们要～? / 我要～?"，常用来表示提出
某种建议或者询问某人的喜好。若动词词干以辅音收尾，应使用 –
을까요?；若动词词干以元音收尾，则应使用 –ㄹ까요?

辅音 + 을까요 ?	元音 + ㄹ까요 ?
• 어디에서 만날까요?	在哪里见面呢?
• 뭐 먹을까요?	吃点儿什么?
• 커피 마실까요?	喝咖啡吗?

● 무슨 + 名词 : 什么

若想知道某一具体信息，应该在名词前加上 무슨。

• 무슨 일이에요?	什么事?
• 무슨 영화 볼까요?	看什么电影?
• 무슨 색 좋아해요?	喜欢什么颜色?

重要度等级
★★☆☆☆

공연 演出

片段 17

연극
演戏, 话剧

뮤지컬
音乐(喜)剧

오페라
歌剧

사물놀이
四物游戏(韩国传统的打击乐器四重奏)

발레
芭蕾(舞)

현대무용
现代舞

한국무용
韩国舞

콘서트
音乐会, 演唱会

악기 | 乐器

바이올린
小提琴

첼로
大提琴

기타
吉他

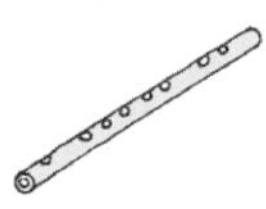

피리
笛子

플루트
长笛

피아노
钢琴

趣味插曲

新村 & 新川

한공주   어디에서 만날까요?

묘 묘   신촌역 1번 출구(出口)에서 만나요.

在 신촌역 1번 출구에서 等 묘묘, 但是, 过了很长时间, 묘묘 还没有来。于是 한공주 打电话给 묘묘。

한공주   묘묘 씨, 어디예요?

묘 묘   신천역 1번 출구예요. 선생님, 어디에 있어요?

한공주   신촌역 1번 출구예요.

묘 묘   어디요?

한공주   신천역 아니에요. 신촌역이에요.

묘 묘   居然有一个 신천역 , 一个 신촌역?

我的天啊!

在韩国请客

근 석 피에르 씨, 听说你找到工作了。 축하해요!

피에르 고마워요. 제가 한턱낼게요.

근 석 오, 정말요(真的吗)? 좋아요.

你怎么知道有好消息的人要请客呢?

피에르 这是韩国人的待客文化，不是吗？ 通常，由年纪大的人、地位更高的人或者是公司里的上司来付钱。再是有好消息的人请其他人一起吃饭，共同庆祝。这对于西方国家的人们来说可能会多少有些不习惯，因为他们更习惯于AA制。但是，我喜欢这种方式，因为这是一种回报，也是共同分享一个人的好运。

근 석 와, 피에르 씨 你都快变成 한국 사람 啦。

어떤 음악 좋아해요? 喜欢哪种音乐?

学习目标 | 询问爱好、喜好
韩国文化 | 韩国的追星文化

情景对话 片段18

1 根硕问玛丽有关音乐的事情。

근 석	마리 씨, 음악 좋아해요?	玛丽，（你）喜欢音乐吗？
마 리	네, 좋아해요.	是的，（我）很喜欢。
근 석	어떤 음악 좋아해요?①	喜欢哪种音乐？
마 리	모차르트 음악 좋아해요.	（我）喜欢莫扎特的音乐。

근 석 저도 모차르트 음악 좋아해요.   我也喜欢莫扎特的音乐。

그럼, 우리 모차르트 콘서트에 갈까요?   那咱们一起去莫扎特的演唱会，好吗？

마 리 좋아요. 저도 콘서트에 가고 싶어요. ③   好啊，我也想去演唱会。

2 阿香带苗苗去K-Pop演唱会，阿香问苗苗关于K-Pop的事情。

흐 엉 묘묘 씨, K-Pop 좋아해요?   苗苗，喜欢K-Pop吗？

묘 묘 네, 좋아해요.   是的，很喜欢。

흐 엉 어느 가수 좋아해요?④   喜欢哪一个歌手？

묘 묘 빅뱅 좋아해요.   喜欢Big Bang。

흐 엉 저도 빅뱅 팬이에요.   我也是Big Bang的歌迷。

묘 묘 저는 빅뱅 팬클럽 회원이에요.   我是Big Bang歌迷会的会员。

흐 엉 그렇군요!⑤   哦，原来如此！

3 瑜娜问宽子有关韩国歌手的事情。

유 나 어느 한국 가수 좋아해요?   喜欢哪一个韩国歌手？

히 로 소녀시대 좋아해요.   喜欢少女时代。

유 나 소녀시대 무슨 노래 좋아해요?   喜欢少女时代的哪一首歌？

히 로	'GEE' 좋아해요.	喜欢"GEE"。
유 나	저도요.	我也喜欢。

词汇及表达

음악[으막] 音乐　**어떤** 哪种, 什么样的　**(-을 / -를) 좋아하다** 喜欢

저도 我也~　**콘서트** 演唱会, 音乐会　**K-Pop** 韩国流行音乐　**어느** 哪, 什么

가수 歌手　**팬** 粉丝　**팬클럽** 粉丝俱乐部　**회원** 会员

그렇군요[그러쿤뇨] 我知道了 / 原来如此　**소녀시대** 少女时代(韩国少女组合)

노래 歌, 歌曲　**GEE** 少女时代主打歌　**저도요** 我也一样

 对话说明

● **对话深入扩展**

① **어떤 음악 좋아해요?**

어떤 的意思是 "哪种"，음악 的意思是 "音乐"。因此，어떤 음악 좋아해요? 这句话的意思就是 "喜欢哪种音乐?"。

② **저도 모차르트 음악 좋아해요.**

저 是 "我"，−도 是 "也"。저도 모차르트 음악 좋아해요 的意思就是 "我也喜欢莫扎特的音乐"。

③ **저도 콘서트에 가고 싶어요.**

−고 싶어요 的意思是 "我想～"。因此，저도 콘서트에 가고 싶어요 的意思就是 "我也想去演唱会"。

④ **어느 가수 좋아해요?**

어느 是 "哪一个"，가수 是 "歌手"。어느 가수 좋아해요? 这句话的意思就是 "喜欢哪一个歌手?"。

⑤ **그렇군요! [그러쿤뇨]**

그렇군요 是由 그렇(다) + 군요 组合变化的。在这里，그렇다 的意思是"那样；是那样的"，–군요 是一个感叹词尾。因此，그렇군요 的意思就是"是那样的啊!"，指的是"现在我明白了"。当积极地应答说话人的某种言论时，常使用这种用法。这是一种语言上的肯定。因此，当说话人听到对方用 그렇군요 来表示应对的时候，他会非常高兴的。

语法说明

● 어떤 + 名词：哪种～，什么样的～

若要得知更多具体信息，应在名词前加上 어떤。其功能相当于英语中的"what kind of（哪一种）"或者"which（哪一个）"。

- 어떤 영화 좋아해요?　　　　　　喜欢哪一种电影?
- 어떤 음식 좋아해요?　　　　　　喜欢哪一种饮食?
- 어떤 음악 좋아해요?　　　　　　喜欢哪一种音乐?

● 名词 + 도：也

–도 是一个标志词，意味着"也，还"。可以代替或者作为主宾格标志词而使用。另外，也可以用在地点标志词 –에 和 –에서 后面。

- 히로가 한국어를 공부해요.　　　　宽子学习韩国语。
  마리도 한국어를 공부해요.　　　　玛丽也学习韩国语。

- 바트가 한국어를 공부해요.　　　　巴特学习韩国语。
  바트가 프랑스어도 공부해요.　　　巴特还学法语。

- 학교에 가요.　　　　　　　　　（我)去学校。
  도서관에도 가요.　　　　　　　（我)还去图书馆。

- 학교에서 공부해요.　　　　　　在学校学习。
  집에서도 공부해요.　　　　　　（我)在家也学习。

공주 비빔밥 주세요.

要份拌饭。

흐엉 저도요.

我也要拌饭。/ 我也要同样的。

● 动词词干 + 고 싶다 : 想~

–고 싶다 用在动词词干后面，表达愿望或者希望。

• 커피 마시고 싶어요.

想喝咖啡。

• 어디에 가고 싶어요?

想去哪儿?

• 뭐 하고 싶어요?

想做什么?

● 어느 + 名词 : 哪一个

어느 指的是 "哪一个"，用在名词前面。从一系列的选项中作出某种
选择的时候，常使用这种用法。

(在看电影海报时)

• 어느 영화 볼까요?

(咱们)看哪一部电影?

(在看音乐专辑时)

• 어느 가수 좋아해요?

喜欢哪一个歌手?

(在街道两旁找咖啡店时)

• 어느 카페에 갈까요?

去哪一家咖啡店?

词汇扩充

<u>스포츠</u> 体育运动 片段 18

축구
足球

야구
棒球

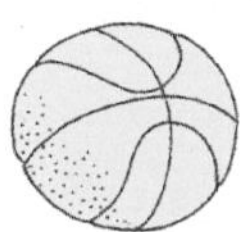

농구
篮球

배구
排球

수영
游泳

테니스
网球

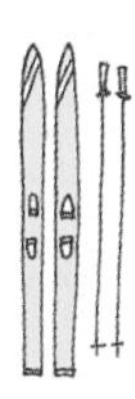

스키
滑雪

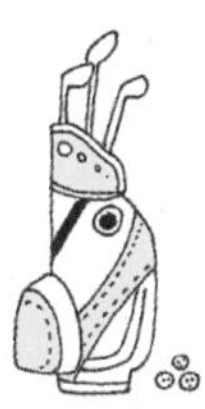

골프
高尔夫

영화 장르 电影体裁

멜로영화
爱情片

로맨틱 코미디
浪漫喜剧

액션영화
动作片，武打片

SF영화
科幻片

계절 四季

봄 春天	여름 夏天	가을 秋天	겨울 冬天

趣味插曲

富有逻辑性的语言!

근 석　마리 씨, 테니스 쳐요?

마 리　네, 테니스 쳐요.

근 석　골프도 쳐요?

마 리　네, 골프도 쳐요.

　　　　근석 씨, 스키 쳐요?

근 석　아니요, 스키 안 쳐요. 스키 타요.

　　　　就像 버스 타요, 택시 타요 一样，也说 스키 타요。

　　　　타요 就是 "乘、骑、坐" 的意思。

마 리　와우, Korean is so logical!

韩国的追星文化

피에르　怎么会有这么多人在那儿排队啊？

유 나　他们正在等着 원더걸스 签名呢。

피에르　우와, 有这么多的歌迷啊。한국 팬 看上去太有激情了!

유 나　한국 팬 参加各种各样的活动，为的是表示对明星的支持。其中，偶像派大腕的歌迷们特别的狂热，有些人甚至跟着明星的日程安排到处走。而且，每个歌迷俱乐部都有自己的颜色。像 동방신기 的颜色是珍珠红，슈퍼주니어 是珍珠蓝宝石的蓝色，신화 是橙色，소녀시대 是淡玫瑰红。所以呢，只要看一下追星族手里拿着的汽球或者荧光棒的颜色，就能很容易地判断出他们是谁的歌迷。

피에르　재미있어요. 可是追星文化有时候看上去也存在一些攻击性。

유 나　맞아요.　确实是有一些指责。因此，最近歌迷会也开始做一些有益的活动。比如，捐赠大米给困难的人或者是捐款给慈善机构等。

공부해야 돼요. 该学习了。

学习目标 ｜ 对本人该做的事展开讨论
韩国文化 ｜ 韩国的送货服务和快递服务

 ## 情景对话　片段19

1　巴特建议阿香一起去唱卡拉OK。

바 트	흐엉 씨, 오늘 노래방에 갈까요?	阿香，一起去唱卡拉OK，好吗？
흐 엉	미안해요. 오늘 노래방에 못 가요.①	不好意思，今天不能去。
바 트	왜요? 바빠요?	为什么？忙吗？
흐 엉	네, 공부해야 돼요.②	是的，(我)得学习。

| | 내일 시험이 있어요. | 明天有考试。 |

| 바 트 | 그럼 열심히 공부하세요.③ | 那好，好好儿学习吧。 |

2 宽子建议瑜娜一起去吃午饭。

| 히 로 | 유나 씨, 같이 점심 식사 할까요? | 瑜娜，一起吃午饭，好吗？ |

| 유 나 | 미안해요. 지금 식사 못 해요. | 抱歉，现在不能(去)吃饭。 |

| 히 로 | 왜요? 배 아파요?④ | 怎么？肚子痛吗？ |

| 유 나 | 아니요. 리포트 써야 돼요. | 不是，(我)得写报告书。 |

| | 두 시까지 내야 돼요.⑤ | 两点之前必须交。 |

3 根硕建议玛丽一起吃晚饭。

| 근 석 | 같이 저녁 식사 할까요? | 一起吃晚饭，好吗？ |

| 마 리 | 미안해요. 약속이 있어요. | 抱歉，我有约了。 |

| 근 석 | 그럼, 다음에 해요.⑥ | 那么，下次去吧。 |

| 마 리 | 네, 좋아요. | 好，下次吧。 |

4 苗苗在邮局邮寄包裹。

묘 묘	이것을 소포로 보내고 싶어요.[7]	(我)想邮寄一个包裹。
직 원	그럼, 포장을 더 해야 돼요.[8]	那样的话，再打一下包装。
묘 묘	어디에서 포장해요?	在哪里打包装呢？
직 원	저기에서 포장하세요.	就在那里。

词汇及表达

노래방 歌厅，练歌房，卡拉OK　**왜요?** 为什么？　**바빠요(바쁘다)** 忙　**시험** 考试
열심히[열씸히] 努力，认真　**못** 不能　**지금 식사 못 해요[지금 식싸 모태요]** 现在不能吃饭
배 肚子，腹部　**아파요(아프다)** 生病；不舒服　**리포트** 报告书　**써요(쓰다)** 写
–까지 到……为止　**내다** 交　**다음에[다으메]** 下次，以后
이것 这个　**소포** 包裹　**소포로** 以包裹的方式
보내다 邮寄，发送　**포장하다** 打包装　**더** 更；再　**저기** 那儿

对话说明

● 对话深入扩展

① 오늘 노래방에 못 가요.

못 的意思是 "不能"。오늘 노래방에 못 가요 整句话的意思就是 "今天我不能去练歌厅"。

② 공부해야 돼요.

–아 / –어 / –여야 돼요 句式的意思是 "我得~ / 我该~"。因此, 공부해야 돼요 的意思就是 "我得学习 / 我该学习了"。

③ 그럼 열심히 공부하세요.

–(으)세요 是说 "请~(吧)"。열심히 공부하세요 这句话的意思是 "(请)努力学习吧!"。

④ 배 아파요?

배 指的是 "肚子, 腹部", 아파요 的意思是 "疼痛, 生病, 不舒服"。于是, 배 아파요? 的意思就是 "你肚子痛吗?"。

⑤ 두 시까지 내야 돼요.

–까지 指的是 "到~(为止)", 내다 指的是 "交"。因此, 두 시까지 내

야 돼요 这句话的意思就是 "要在两点之前交"。

⑥ **그럼, 다음에 해요.**

그럼 的意思是 "那么"，다음 的意思是 "以后，下次"。그럼 다음에 해요 的意思就是 "那么下次吧"。

⑦ **이것을 소포로 보내고 싶어요.**

소포 指的是 "包裹"，소포로 是指 "以包裹的方式"，另外，보내다 的意思是 "发送，邮寄"。所以，이것을 소포로 보내고 싶어요 整句话的意思就是 "想把这个以包裹的方式邮寄 / 想 邮 寄 一 个 包 裹"。

⑧ **그럼, 포장을 더 해야 돼요.**

포장 的意思是 "打包装"，더 是 "更，再"。因此，포장을 더 해야 돼요 的意思就是 "得再打包装"。

语法说明

● 못 + 动词：不能～

못 意味着无法或者是不可能，其用法类似于英语中的"can not"。通常位于动词前，但在名词 + 하다 这类组合动词中，应将其置于名词和 하다 之间。注意，在 못 和 하다 之间应添加空格。另外，若要单独强调其无法实现，则使用 못해요，而且应注意没有空格。

- 김치 못 먹어요[몬머거요].　　　　不能吃泡菜。
- 지금 데이트 못 해요[모태요].　　　现在不能去约会。
- 한국말 못해요[모태요].　　　　　不会说韩国语。

● 动词词干 + 아 / 어 / 여야 돼요
动词词干 + 아 / 어 / 여야 해요：必须／不得不～

这一句式指的是有义务或者是必须做某件事，类似于英语中 "must / have to" 的用法。另外，돼요 和 해요 表义相同。

- 지금 가야 돼요.　　　　　(我)得现在去。
- 약 먹어야 돼요.　　　　　(我)得吃药。
- 운동해야 돼요.　　　　　(我)得运动。

● **动词词干 + (으)세요 : 请~**

在郑重地提出要求或下达命令的时候，用 –(으)세요，但口吻比较亲切、委婉。若动词词干最后一个音节以辅音收尾，用 –으세요；若以元音收尾，则应使用 –세요。

辅音 + 으세요	元音 + 세요

- 열심히 공부하세요.　　请努力学习。
- 전화하세요.　　请打电话。
- 책을 읽으세요.　　请看书。
- 커피 드세요.　　请喝咖啡。❶

❶ 드세요

드세요 的意思是"请吃~ / 请喝~"。作为一种礼貌的表达，드세요 常用在已准备好饮食，郑重地邀请他人品尝时。

词汇扩充

학생 생활 学生生活

片段 19 

词根 — 较正式的礼貌表达
词义

숙제하다 – 숙제해요
做作业

스터디하다 – 스터디해요
小组学习

리포트 내다 – 리포트 내요
交报告

발표하다 – 발표해요
发表

읽다 – 읽어요
读

쓰다 – 써요
写

시험 보다 – 시험 봐요
参加考试

회의하다 – 회의해요
开会

아르바이트하다 – 아르바이트해요
打工

이메일 쓰다 – 이메일 써요
写电子邮件

발표 준비하다 – 발표 준비해요 准备发表(演讲)	시험 공부하다 – 시험 공부해요 (为了准备考试而)学习
외우다 – 외워요 背诵，记忆	쉬다 – 쉬어요 休息
질문하다 – 질문해요 提问	대답하다 – 대답해요 回答
예습하다 – 예습해요 预习	복습하다 – 복습해요 复习

趣味插曲

该回家了!

皮埃尔和瑜娜一起在迪厅尽情地跳舞。这时，瑜娜看了一下表，突然
说，得回家。

유 나 　집에 가야 돼요.

피에르 　왜요(怎么了)? 더(再) 놀아요.

유 나 　자야 돼요. 我得保养皮肤。

피에르 　저도 자야 돼요. 健康第一。

유 나 　그럼 가요.

피에르 　내일 또(再) 만나야 돼요.

유 나 　알겠어요(知道了).

韩国的送货服务和快递服务

묘 묘 흐엉 씨, 你的快递到了。

흐 엉 아~ 是我在 인터넷 买的 시계。

묘 묘 그 시계?! 真的吗? 你不是昨天才定购的吗?

흐 엉 你不知道 한국 的快递有多快吗? 한국 사람 做每一件事都是快、快、快。也正因如此, 한국 才成了一个IT大国。另外, 한국 사람 无论在什么地方, 在什么时间, 都喜欢快递。几个小时后, 快递就会送达。

묘 묘 原来是这样。从现在开始我也要用 한국 快递!

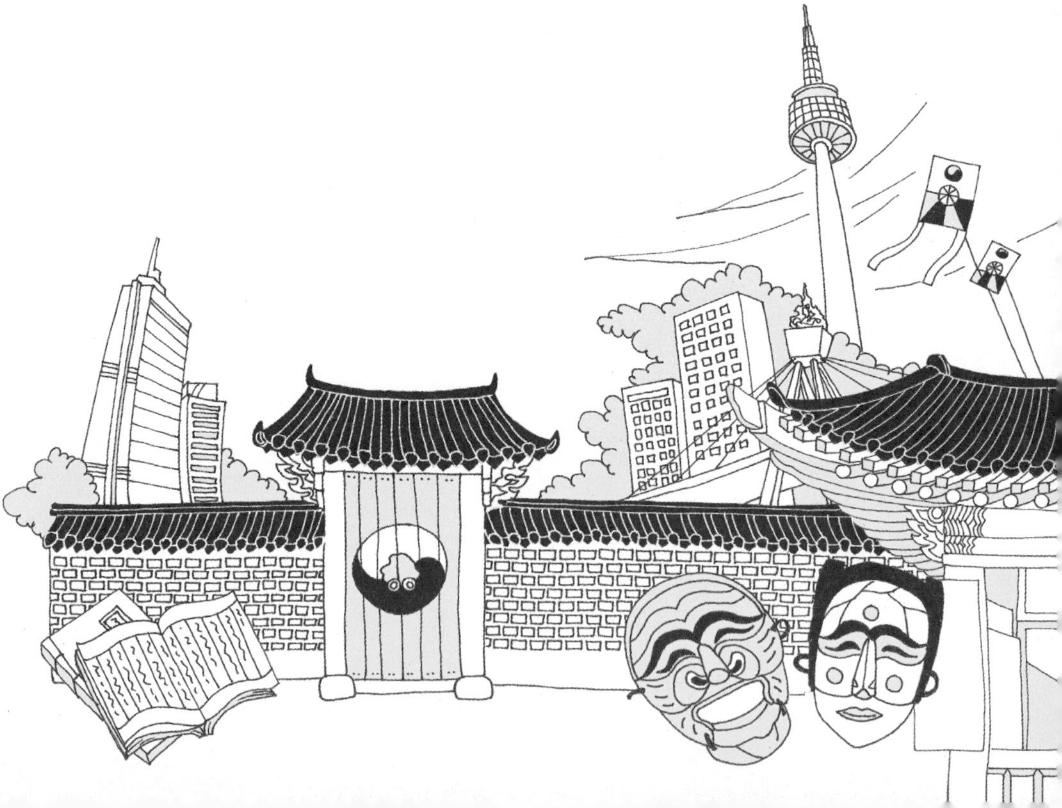

이 가방이 누구 거예요? 这个包是谁的?

学习目标 I 寻找失主
韩国文化 I 情侣系列

 ## 情景对话　片段20

1　瑜娜想知道这些书包都是谁的。

유 나	이 가방(이) 누구 거예요?①	这个包是谁的?
마 리	이 가방(이) 제 거예요.②	这包是我的。
유 나	그럼 저 가방은 누구 거예요?	那么，那个包是谁的呢?
마 리	저 가방은 근석 씨 거예요.	那是根硕的。
유 나	두 사람 커플이에요?	你们两个人是情侣吗?

2 玛丽问根硕另外一个人是谁。

마 리	저분이 누구예요?③	那位是谁?
근 석	앤더슨 교수님이에요.	是安德森教授。
마 리	저분이 영어 선생님이에요?	他是英语老师吗?
근 석	아니에요.	不是。
마 리	그럼, 영어는 누가 가르쳐요?④	那么，谁教英语呢？
근 석	조나단 선생님이 가르쳐요.	乔纳森老师教。

3 瑜娜想知道玛丽为什么学习韩国语。

| 유 나 | 마리 씨, 왜 한국어 공부해요? | 玛丽，为什么学习韩国语？ |
| 마 리 | 왜냐하면, 한국에서 살고 싶어요. | 因为(我)想在韩国生活。 |

词汇及表达

누구 거[누구꺼] 谁的　**제 거[제꺼]** 我的　**커플** 情侣

저 那　**-분** ~位(敬称)　**교수** 教授

교수님 教授(敬称，用于直接称呼教授时)

아니에요 (不是; 不对)

영어 英语　**가르쳐요(가르치다)** 教，教授　**왜** 为什么　**왜냐하면** 因为

对话说明

● **对话深入扩展**

① 이 가방이 누구 거예요?

이 指的是 "这"，거 代表 "东西"。이 가방이 누구 거예요? 这句话的意思是 "这个包是谁的?"。

② 이 가방이 제 거예요.

제 是表示 "我的"，是一种自谦的表达形式。于是，이 가방이 제 거예요 的意思就是 "这个包是我的"。

③ 저분이 누구예요?

저분 是 저 사람(那个人) 的敬称，누구 指的是 "谁"。저분이 누구예요? 的意思是 "那个人是谁?"。

④ 영어는 누가 가르쳐요?

–는 在这里是一个比较标志词，누가 是 "谁" 的主格形式。因此，영어는 누가 가르쳐요? 这句话的意思是 "英语谁教呢?"。

● 누구 / 누가 : 谁

누구 用在表示疑问的句型里，可以指代一个主格，一个宾格或者是一个所有格。在指代主格时，应该使用其变换式 누가。누가 本是 누구＋가(主格标志词)的缩略式。在指代宾格时，应该使用 누구를 这种添加形式，不过此时的 -를(宾格标志词)常被省略。另外，可以用 누구 来指代所有格。此时，누구 后接名词。

누구 : 谁

누가 ＝ 누구 ＋ 가 : 谁(主语)

- 저분이 누구예요?   那个人是谁?
- 누가 한국어 가르쳐요?   谁教韩国语?
- 누구(를) 만나요?   (你)见谁?
- 이 가방이 누구 거예요?   这个包是谁的?

● **名词 + 은 / 는 : 对比标志词**

在这里，–은 / –는 是表示对比的标志词。在一句话里，用 –은 /
–는 来表达对比或者强调。这也是一个特殊的比较词，因为它还可
以用来指代一个主格或者宾格。若名词以辅音收尾，应该用 –은；
若以元音收尾，则用 –는。另外，–는 也可以与时间&地点标志词 –
에 或者地点标志词 –에서 连用。

辅音收尾 + 은	元音收尾 + 는 / 에는 / 에서는

- 저는 대만 사람이에요.　　　　　我是台湾人。
- 고기를 좋아해요. 생선은 안 좋아해요.　我喜欢肉，不喜欢鱼。
- 김치는 못 먹어요.　　　　　不能吃泡菜。
- 저는 클럽에는 안 가요.　　　　我不去迪厅。
- 집에서는 술 안 마셔요.　　　　在家我不喝酒。

词汇扩充

의문사 疑问代词　　　　　　　　　　　　　　片段 20

① **누구** : 谁

　저분이 누구예요?　　　　　　　那位是谁?

② **누가** : 谁(主语)

　누가 한국어 가르쳐요(강의해요)?　　谁教韩国语?(讲)

③ **언제** : 什么时候，何时

　언제 만날까요?　　　　　　　什么时候见面?

④ **어디** : 哪儿

　어디에 가요?　　　　　　　　去哪儿?

⑤ **뭐** : 什么

　요즘 뭐 해요?　　　　　　　最近在干什么?

⑥ **왜** : 为什么

　왜 한국어 공부해요?　　　　　为什么学韩国语?

⑦ **어때요 : 怎么样**

한국어가 어때요?　　　　　　　　韩国语怎么样?

⑧ **어느 : 哪，什么**

어느 나라 사람이에요?　　　　　　是哪国人?

⑨ **무슨 : 什么**

오늘이 무슨 요일이에요?　　　　　今天是星期几?

⑩ **어떤 : 什么样的，哪种**

어떤 음식 좋아해요?　　　　　　　喜欢什么样的饮食?

⑪ **몇 : 几**

지금 몇 시예요?　　　　　　　　　现在几点?

⑫ **얼마 : 多少**

이 가방이 얼마예요?　　　　　　　这个包多少钱?

趣味插曲

玛丽的所有权

근 석　이 가방이 누구 거예요?

마 리　마리 거예요.

근 석　如果你说"마리 거예요"的话，听起来像小孩子说话的语气。

这时候，你应该说 제 거예요(这是我的)。

마 리　好的，我知道了。이 가방이 제 거예요.

근석 씨가 마리 거예요.

我想当你的小宝贝！

근 석　하하하(哈哈)!

情侣系列!

마 리 　근석 씨, 来试试这件衬衫。

근 석 　이게 뭐예요?

마 리 　커플룩이에요!

한국 커플 外出时，他们有时候穿同样的衣服，不是吗？ 所以，我想给我们俩买一样的 셔츠 두 개，这样，我们也能一起穿啦。

근 석 　哇，那我买 팔찌(手镯) 두 개。하나는 마리 씨 거, 还有，하나는 제 거。

마 리 　太棒了! 我们还要买更多更多情侣系列的东西，买情侣 신발(鞋)、情侣手机套等等。我也想像 한국 사람 那样展现我们的爱。

근 석 　好，那咱们就多买些情侣系列!

카이스트가 어디에 있어요? KAIST在哪儿?

学习目标 | 问地点
韩国文化 | 韩国语的称谓

 ## 情景对话 片段21

1 苗苗正在和一位出租车司机说话。

묘 묘	카이스트요.[①]	(我要)去KAIST。
택시 기사	카이스트가 어디에 있어요?	KAIST在哪儿?
묘 묘	경희대 옆에 있어요.	在庆熙大学旁边。
	경희대하고 고대 사이에 있어요.	在庆熙大学和高丽大学之间。

2 皮埃尔正在和一位出租车司机说话。

피에르	홍대 앞이요.	(去)弘大前边。
택시 기사	정문 앞이요?	是正门前面吗?
피에르	아니요, 지하철역이요.	不，地铁站。
	다음 신호에서 좌회전해 주세요.	下一个红绿灯请左转。
	네, 여기 세워 주세요.	好的，就停在这儿吧。

3 玛丽跟根硕借数码相机。

마 리	디카 좀 빌려 주세요.②	把你的数码相机借给我用用吧。
근 석	네, 쓰세요.	好的，用吧。
마 리	디카가 어디에 있어요?	数码相机在哪儿呢?
근 석	제 책상 위에 있어요.	在我的书桌上边。

词汇及表达
택시 기사 出租车司机　**카이스트** KAIST(韩国科学技术院)　**경희대** 庆熙大学　**옆** 旁边
고대(고려대) 高丽大学　**A하고 B 사이에** 在A和B之间　**홍대(홍익대)** 弘大(弘益大学)
정문 正门　**지하철역** 地铁站　**다음** 下一个　**신호** 信号灯，红绿灯
좌회전하다 左转　**우회전하다** 右转
세우다 停车　**디카** (디지털카메라 的缩略) 数码相机
빌리다 借　**빌려 주다** 借出，借给　**쓰다** 用，使用　**책상** 书桌，桌子　**위** 上，上面

 对话说明

● **对话深入扩展**

① **카이스트요.**

坐出租车时，在目的地后加上 –(이)요，可以用来表达 "请送我去
～(目的地)" 的意思。所以，说 카이스트요，就意味着"请送我去
KAIST"。若名词的最后一个音节以辅音收尾，使用 –이요；若以元
音收尾，则应使用 –요。

② **디카 좀 빌려 주세요.**

빌리다 的意思是"借"，而 빌려 주다 的意思则是"借出，借给"。因
此，빌려 주세요 这句话的意思就是"请把(某物)借给我"。另外，디
카 是 디지털 카메라 的缩略形式，좀 表示"请～"。这样连在一起，
디카 좀 빌려 주세요 的意思就是"请把你的数码相机借我"。

语法说明

● **地名 + (이)요 : 请送我去～**

当乘坐出租车时，可以用这句话来告诉出租车司机你想要去的地方。

辅音收尾 + 이요	元音收尾 + 요

- 압구정동이요.　　　　　我要去狎鸥亭。
- 명동이요.　　　　　　　我要去明洞。
- 카이스트요.　　　　　　我要去韩国科学技术院。

● **动词词干 + 아 / 어 / 여 주세요 : 请给我做(某事)**

礼貌地提出某种要求，或者想要表达敬意的时候，均可以使用这个句式。

- 잠깐만 기다려 주세요.　　请稍等一下。
- 여기 세워 주세요.　　　　请在这儿停一下。
- 다시 말씀해 주세요.　　　请再说一遍。

词汇扩充

장소와 위치 地点和位置

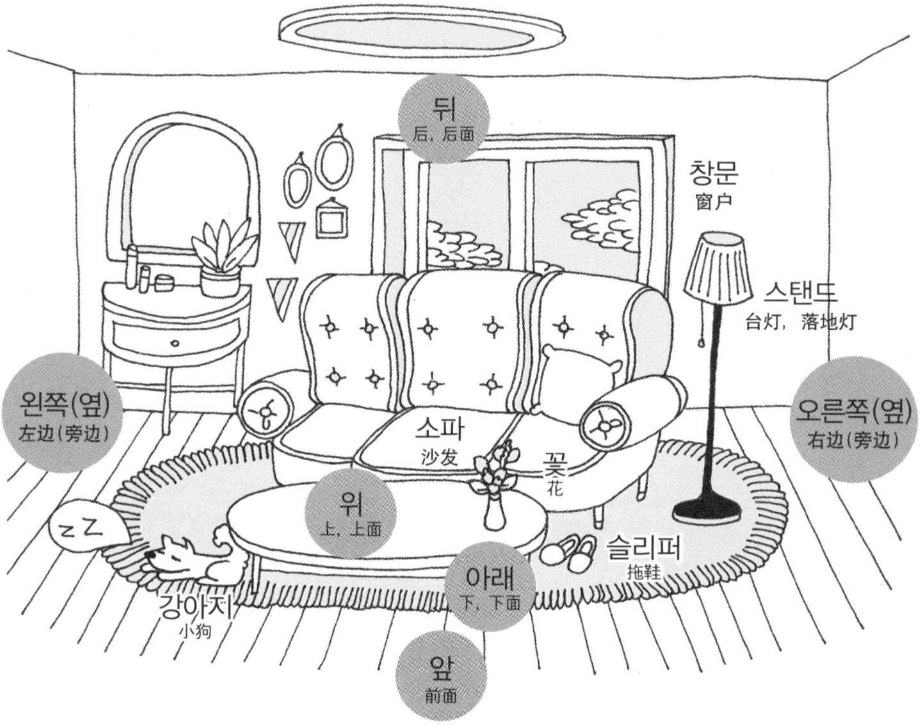

1. 테이블 위에 꽃이 있어요.　　桌子上面有花。

2. 소파 아래에 슬리퍼가 있어요.　　沙发下面有拖鞋。

3. 테이블 왼쪽 옆에 강아지가 있어요.　　桌子左边有一只小狗。

4. 소파 오른쪽 옆에 스탠드가 있어요.　　沙发右侧有落地灯。

5. 소파 앞에 테이블이 있어요.　　沙发前边有一个桌子。

6. 소파 뒤에 창문이 있어요.　　沙发后面有窗户。

가족 家人, 家族

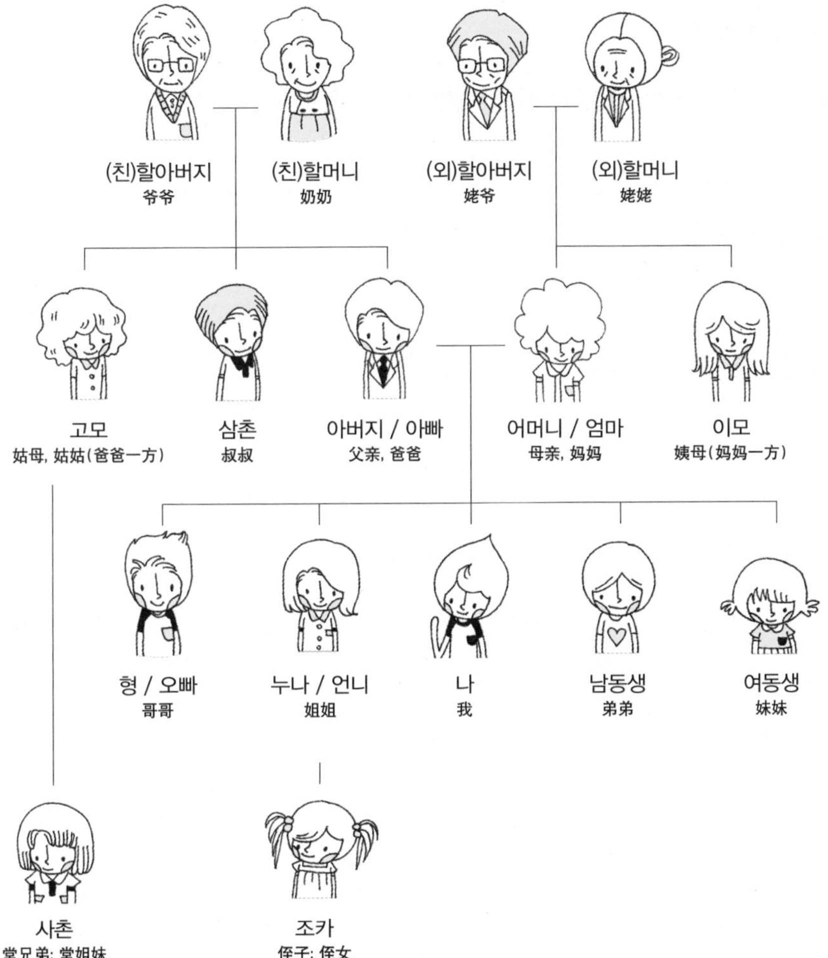

가족	부모님	친척	부부	남편	아내
家人, 家族	父母	亲戚	夫妻	丈夫	妻子

趣味插曲

韩国语的表达方式

坐上一辆出租车，玛丽告诉司机自己要去的地方。

마 리　이대 앞이요.

기 사　네, 알겠습니다(好的，我知道了).

마 리　아, 역이요.

出租车司机停下了车。

마 리　不不，一直走，이대역이요!

기 사　哦，我还以为你说，여기요 呢。

마 리　啊? 真的吗? 是我的发音有问题还是你的听力有问题啊?

기 사　不，这仅是韩国语表达的另一种方式。而且，역이요 和 여기요 两个发音一样。

韩国语的称谓

묘 묘	선생님, 我该怎么称呼巴特呢? 现在我们已经很亲近了, 所以我想用一个特殊一点儿的称谓。
한공주	那样的话, 你可以叫他 오빠 呀。
묘 묘	오빠요? 오빠 不是指自己的哥哥吗?
한공주	韩国人说 오빠, 不仅可以指亲情关系, 而且还可以用来指某些社会关系。女孩子常常喜欢用 오빠 来称呼比自己年龄大的异性。
묘 묘	真的吗? 那还有其它类似的情况吗?
한공주	当然有啊, 而且这些称呼你可能以前都听过的。一般, 在饭店里, 我们还可以用 이모 来称呼服务员。用这些家族称谓, 可以使人与人的关系变得更亲密。而且, 通常整体的服务质量也能够得到提高。
묘 묘	哦, 不错嘛!

신촌에 어떻게 가요? 去新村怎么走?

学习目标 | 问路
韩国文化 | 韩国的大众交通

 ## 情景对话 片段22

1 宽子问韩公主去新村怎么走。

히 로	신촌에 어떻게 가요?①	请问，去新村怎么走?
한공주	273번 버스로 가세요.②	坐273路公共汽车去吧。
히 로	여기에서 신촌까지 얼마나 걸려요?③	从这儿到新村需要多长时间?
한공주	오십 분쯤 걸려요.④	大概需要50分钟。
히 로	감사합니다.	谢谢!

2 巴特问根硕大田怎么去。

| 바 트 | 대전에 어떻게 가요? | 大田怎么去？ |

바 트　대전에 어떻게 가요?　　　　　大田怎么去？

근 석　KTX로 가요.　　　　　　　　坐KTX去吧。

바 트　서울역에서 대전까지 얼마나 걸려요?　从首尔站到大田需要多长时间？

근 석　한 시간쯤 걸려요.　　　　　　大概一个小时。

3 皮埃尔向一个过路人询问如何去仁川机场。

피에르　인천공항에 어떻게 가요?　　　去仁川机场怎么走？

행 인　지하철로 가세요.　　　　　　坐地铁去吧。

　　　　고대역에서 지하철을 타세요.　在高丽大学地铁站坐地铁。

词汇及表达

신촌 新村　**어떻게** 怎么，怎么样（做某事）　**버스** 公共汽车　**버스로** 坐公共汽车

－에서 －까지 从~ 到~　**얼마나** 多么，多少　**걸려요(걸리다)** 花，需要（时间）

대전 大田　**KTX** 韩国高速列车（高速铁路）

서울역 首尔站　**－쯤** 大约，大概　**지하철** 地铁　**지하철로** 坐地铁

고대역 高丽大学站　**타세요** 坐，乘坐　**걸어서** 步行

 对话说明

● **对话深入扩展**

① **신촌에 어떻게 가요?**

신촌 位于首尔西部，是一个年轻人聚集的有名的地方。어떻게 用来询问"怎么(做某事)"。因此，신촌에 어떻게 가요? 这句话的意思就是"去新村怎么走?"。

② **273번 버스로 가세요.**

273번 的意思是"273路"，버스로 表示"坐公共汽车"。于是，273번 버스로 가세요 这句话的意思就是"请坐273路公共汽车去吧"。

③ **여기에서 신촌까지 얼마나 걸려요?**

A에서 B까지 这个句式的意思是"从A到B"。여기에서 신촌까지 的意思是"从这儿到新村"。얼마나 걸려요? 的意思是"需要多长时间?"。

④ **오십 분쯤 걸려요.**

오십 是50，쯤 是"大概，大约"的意思，用于计数名词后面。오십 분쯤 걸려요 的意思就是"大概需要50分钟"。

语法说明

● **名词 + (으)로 : 用～，以～**

用来表示某种手段、方式，如：交通工具，材料或者过程等。简单地说，就是"通过(某种手段)"。

若名词的最后一个音节以辅音收尾，应该用 −으로；若名词的最后一个音节以元音收尾，则用 −로。但是，注意有一个特例，若名词的最后一个音节以 −ㄹ 结束，应用 −로。

辅音收尾 **+ 으로**

元音收尾 **+ 로**

ㄹ韵尾 **+ 로**

• 볼펜으로 리포트를 써요.	用圆珠笔写报告书。
• 비행기로 제주도에 가요.	坐飞机去济州岛。
• 지하철로 학교에 와요.	坐地铁来学校。
• 버스로 집에 가요.	坐公共汽车回家。

● A에서 B까지(时间) 걸리다 : 从A到B需要～(时间)

这个惯用句式可以用来表明从一个地方到另一个地方所需要的时间。

- 서울에서 부산까지 KTX로 2시간 걸려요.　　从首尔到釜山坐KTX需要2个小时。
- 인천에서 뉴욕까지 비행기로 13시간 걸려요.　　从仁川到纽约坐飞机需要13个小时。
- 집에서 학교까지 걸어서 20분 걸려요.　　从家到学校步行需要20分钟。

词汇扩充

교통 交通工具　　　　　　　　　　　　片段 22

버스
公共汽车, 巴士

택시
出租汽车

자전거
自行车

기차
火车

KTX
韩国高速列车

지하철
地铁

오토바이
摩托车

스쿠터
轻骑, 轻便摩托车

비행기
飞机

헬리콥터
直升飞机

배
船, 轮船

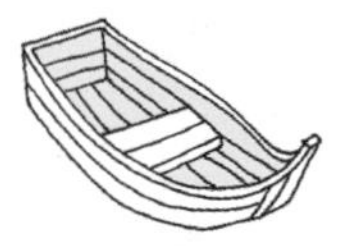

보트
艇, 小船

자동차	응급차	트럭
汽车	救护车, 急救车	卡车, 货车

趣味插曲

皮埃尔的即兴应用

在妙趣横生的韩国语课上，한공주 正在热情地讲授韩国语。

한공주　再来一遍，시청에서 신촌까지 십 분 걸려요.

학생들　시청에서 신촌까지 십 분 걸려요.

한공주　좋아요. 외우세요(请大家背下来)!

就在这时，皮埃尔问了一个问题。

피에르　선생님, 我可以说，"만남에서 키스까지 일주일 걸려요(从见面到
接吻需要一个星期)"吗？

한공주　你可以说，但是尽量不要，OK?

首尔便利的大众交通

바 트 서울역에 어떻게 가요?

유 나 바트 씨, 저기서 273번 버스를 타세요. 여기서 서울역까지 이십 분 걸려요.

바 트 고마워요.

유 나 바트 씨, 교통카드(交通卡) 있어요?

바 트 네, 但是我还不太会用。

유 나 首先, 你记住, 不管什么时候, 只要是上车或者下车, 都要在读卡器上刷一下卡。你可以从 지하철 换乘 버스, 或者是从 버스 换乘 버스。在不增加起步金额的基础上, 可以换乘 세 번(3次), 这时需要根据距离的长短支付一部分的增加费用。

바 트 太经济实惠了。한국 대중교통(大众交通)真先进!

유 나 맞아요. 现在也可以坐 서울 地铁从 서울 到 춘천。另外, 因为有公共汽车专用线路, 我们可以坐公共汽车快速到达。

바 트 한국은 대중교통 천국(天国)이에요!

회기역에서 지하철 1호선을 타요. 在回基站坐1号线地铁。

学习目标 ㅣ 去目的地
韩国文化 ㅣ 韩国的一些主要地方

情景对话　片段23

1　皮埃尔问瑜娜去梨泰院怎么走。

피에르	이태원에 어떻게 가요?①	去梨泰院怎么走?
유 나	회기역에서 지하철 1호선을 타요.②	在回基站坐地铁1号线。
	그리고 동묘앞역에서 6호선으로 갈아타요.③	然后在东庙前站换乘6号线。

이태원역에서 내려요.　　　　　　　在梨泰院站下车。

피에르　고마워요.　　　　　　　　谢谢！

2　宽子问巴特仁寺洞在哪儿。

히 로　인사동이 어디예요?　　　　　仁寺洞在哪儿？

바 트　안국역에서 가까워요.④　　　安国站附近。

히 로　안국역에 어떻게 가요?　　　安国站怎么走？

바 트　지하철 3호선을 타고　　　　坐地铁3号线在安国站下车。
　　　　안국역에서 내려요.

3　玛丽想去参观梵高作品展示会。

마 리　고흐 전시회에 가고 싶어요.　　　　　(我)想去梵高作品展示会。

근 석　고흐 전시회는 서울미술관에서 해요.　　梵高作品展示会在首尔美术馆召开。

마 리　서울미술관이 어디에 있어요?　　　　　首尔美术馆在哪儿？

근 석　지하철 1호선 타고 시청역에서 내리면　坐地铁1号线，在市厅站下车。
　　　　덕수궁 옆에 서울미술관이 있어요.⑤　首尔美术馆就在德寿宫旁边。

苗苗向韩公主请教如何坐地铁去首尔艺术殿堂。

묘 묘 예술의 전당에 지하철로 갈 수 있어요? 坐地铁能到艺术殿堂吗?

한공주 네, 3호선 타고 남부터미널역에
내리면 셔틀버스가 있어요.

是的，先坐地铁3号线，在南部客运站下车，那儿就有班车。

词汇及表达

이태원 梨泰院 **회기역** 回基站 **1호선** 1号线

타요(타다) 坐，乘坐 **그리고** 并且，还有

−(으)로 向~; 用~; 以~

갈아타요(갈아타다) 换乘

내려요(내리다) 下车 **인사동** 仁寺洞(古董一条街)

안국역 安国站 **−에서 가까워요** 离~很近

반 고흐 梵高 **전시회** 展示会 **미술관** 美术馆

시청 市厅 **덕수궁** 德寿宫(朝鲜王朝的一处旧宫)

예술의 전당 艺术殿堂 **남부터미널역** 南部客运站，南部高速终点站

셔틀버스 班车

对话说明

● 对话深入扩展

① 이태원에 어떻게 가요?

이태원 是一处以外国文化而闻名的地方。这里有众多来自世界各地的商店和餐馆。

② 회기역에서 지하철 1호선을 타요.

회기역 是一个地铁站的站名。지하철 1호선 指的是"地铁1号线"，－을 / －를 타요 的意思是"乘坐"。 因此，整句话，회기역에서 지하철 1호선을 타요 的意思就是"请在回基站坐地铁1号线"。

③ 그리고 동묘앞역에서 6호선으로 갈아타요.

그리고 是一个连词，表示"并且，还有，再则，再"，동묘앞역 是一个地铁站的站名，－(으)로 갈아타요 的意思是说"换乘～"。连在一起，그리고 동묘앞역에서 6호선으로 갈아타요 的意思就是"然后在东庙前站换乘地铁6号线"。

④ 안국역에서 가까워요.

안국역 是一个地铁站的站名。에서 가까워요 的意思是"离～很近"。所以，안국역에서 가까워요 这句话的意思是"离安国站很近"。

⑤ **지하철 1호선 타고 시청역에서 내리면 덕수궁 옆에 서울미술관이 있어요.**

  −고 是"并且～", −(으)면 的意思是 "如果～"。因此，整句话 지하철 1호선을 타고 시청역에서 내리면 덕수궁 옆에 서울미술관이 있어요 的意思是 "坐地铁1号线，在市厅站下车，首尔美术馆就在德寿宫的旁边"。

语法说明

● **–에서 –을 / 를 타요：在~坐~**

 –에서 –을 / 를 갈아타요 : 在~换乘~

 –에서 내려요 : 在~下车

–에서 在这里是一个地点标志词，–을 / –를 是一个宾格标志词。

另外，타요 的意思是"坐~"，내려요 的意思是"下车"，갈아타요

的意思是"换乘~"。请记住下面的公式。

–에서 –호선을 타요	在~坐~号线
–에서 –호선으로 갈아타요	在~换乘~号线
–에서 내려요	在~下车

- 회기역에서 1호선을 타요.　　　　在回基站坐1号线。
- 시청역에서 2호선으로 갈아타요.　　在市厅站换乘2号线。
- 신촌역에서 내려요.　　　　　　　在新村站下车。

● **动词词干 + 고：~并且 / 而且~ / 然后~ / 再~**

–고 的作用是将两句话连成一个句子，通常出现在第一个动词词干

的后面。

- 도서관에서 공부해요.　　　　　在图书馆学习，
 그리고 도서관에서 책 읽어요.　然后，我在图书馆看书。

 → 도서관에서 공부하고 책 읽어요.　→ 我在图书馆学习并看书。

- 이태원에서 쇼핑해요.

  그리고 이태원에서 식사해요.　　　　　在梨泰院购物。并且，在梨泰院吃饭。

  → 이태원에서 쇼핑하고 식사해요.　　　→ 在梨泰院购物并吃饭。

- 시청역에서 타요. 그리고 신촌역에서 내려요.　在市厅站上车。然后，在新村站下车。

  → 시청역에서 타고 신촌역에서 내려요.　→ 在市厅站上车，在新村站下车。

● 动词词干 + (으)면 : (如果)……就

这是一个用来表示某种条件的句型。意思是某事发生后，会接下来
发生另一件事情。

辅音收尾 + 으면

元音或是 -ㄹ 收尾 + 면

- 시청역에서 내리면 덕수궁이 있어요.　　在市厅站下车，就有德寿宫。

- 시간이 있으면 산책해요.　　　　　　　有空，就散步。

- 아프면 약을 먹어요.　　　　　　　　　难受，就吃药。

词汇扩充

도 / 도시 道(省)／城市

片段 23

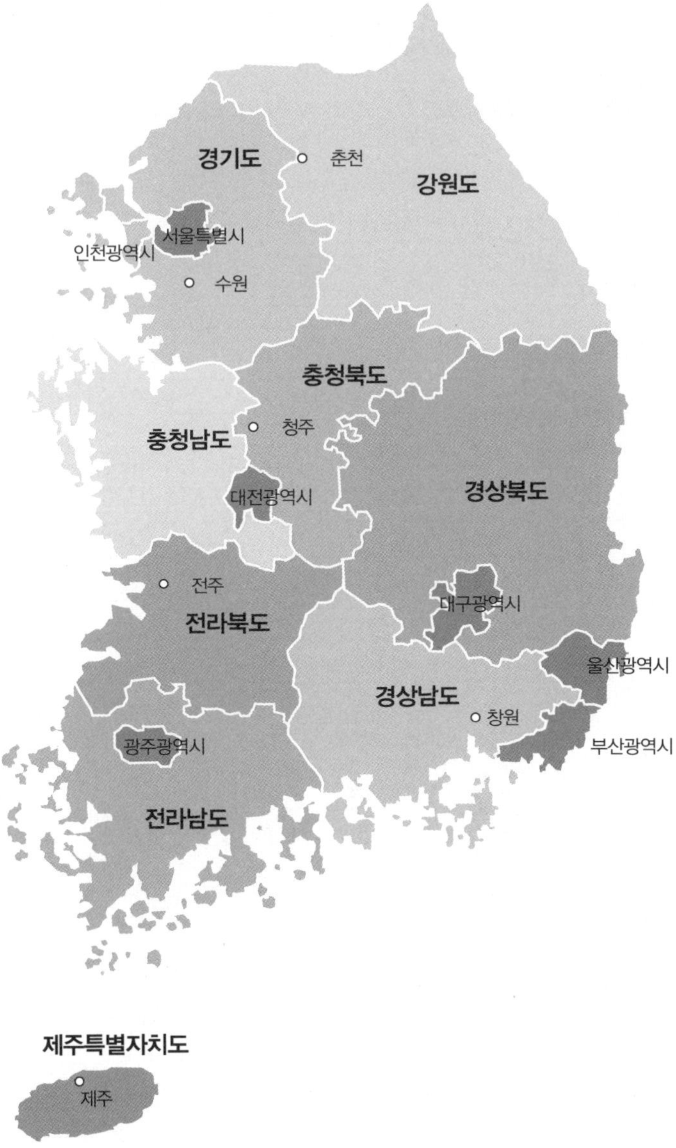

경기도
춘천
강원도
인천광역시
서울특별시
수원
충청북도
충청남도
청주
대전광역시
경상북도
전주
대구광역시
전라북도
울산광역시
경상남도
창원
광주광역시
부산광역시
전라남도
제주특별자치도
제주

趣味插曲

通往天堂的路

히 로 천국(天堂)에 어떻게 가요?

유 나 기도(祈祷)하면 가요.

히 로 정말이에요?

유 나 네, 기도하면 이 세상(世界)이 천국이에요.

히 로 알겠어요. 从现在起不许打扰我。

　　　　천국에 가고 싶어요.

히로 开始虔诚地祈祷起来。

유 나 *^^*

UNESCO世界文化遗产

마 리 근석 씨, 한국에도 유네스코 세계문화유산(UNESCO世界文化遗产)이 있어요?

근 석 그럼요(那当然). 한국에 세계문화유산이 많아요. 예를 들면(例如), 창덕궁(宫殿), 수원화성(要塞), 석굴암(洞窟), 불국사(寺院), 종묘(圣地), 경주 역사 유적 지구(遗址), 강화 고인돌(墓支石), 조선시대 왕릉(王陵), 제주도(火山岛), 안동 하회마을(传统村落), 경주 양동마을(历史村落) 등(等)이 있어요.

마 리 와우! 많네요. 근석 씨, 오늘은 하나만 가르쳐 주세요.(今天就给我讲一个吧。)

근 석 그럼, 我就给你讲讲有关 창경궁 的吧。창경궁 是一处朝鲜王朝宫殿。因为独一无二的建筑风格很受赏识，并且与周围的自然景观搭配得极其合谐。尤其是被称作"秘苑(秘密花园)"的后花园更是美妙绝伦。在过去，只有皇亲国戚才可以在这里漫步。所以，如果你来这里参观，你就可以当一天的女王。

마 리 听起来太棒了! 근석 씨, 우리 당장 가요! (咱们现在就去吧!)

근 석 네, 여왕 마마〜(是, 女王陛下!)

어제 뭐 했어요? 昨天做什么了?

学习目标 | 谈论过去
韩国文化 | 新词(新造词)

情景对话　片段 24

1 玛丽问瑜娜昨天做什么了。

마 리	어제 뭐 했어요?①	昨天做什么了?
유 나	영화 봤어요.②	看电影了。
마 리	무슨 영화 봤어요?	看了什么电影?
유 나	'로미오와 줄리엣' 봤어요.	看《罗密欧与朱丽叶》了。
마 리	누구하고 봤어요?	和谁一起看的?
유 나	엄마하고 봤어요.	和妈妈一起看的。

2 苗苗问皮埃尔昨天做什么了。

| 묘 묘 | 어제 뭐 했어요? | 昨天做什么了？ |

묘 묘　어제 뭐 했어요?　　　　昨天做什么了？

피에르　동대문에서 쇼핑했어요.　　去东大门购物了。

묘 묘　뭐 샀어요?　　　　　　　买什么了？

피에르　지갑하고 벨트 샀어요.　　买了钱包和腰带。

　　　　그래서 지금 돈이 하나도 없어요.③　所以现在一分钱也没有。

　　　　은행에서 찾아야 돼요.　　得去银行取点钱。

3 韩公主问巴特上个星期六做什么了。

한공주　지난 토요일에 뭐 했어요?　　上个星期六做什么了？

바 트　미술관에 갔어요.　　　　去美术馆了。

한공주　무슨 전시회 봤어요?　　看了什么展览啊？

바 트　고흐 전시회 봤어요.　　看了梵高的展览。

词汇及表达

어제 昨天　**로미오와 줄리엣** 罗密欧与朱丽叶　**엄마** 妈妈

쇼핑하다 购物　**사다** 买　**지갑** 钱包　**벨트** 腰带　**돈** 钱

돈이 하나도 없어요 一分钱也没有; 身无分文

그래서 所以, 因此　**은행** 银行　**찾다** 取, 找　**미술관** 美术馆　**전시회** 展示会, 展览

 # 对话说明

● **对话深入扩展**

① **어제 뭐 했어요?**

했어요 是 해요 的过去时制表达方法。어제 뭐 했어요? 这句话的意思是"昨天做什么了?"。

② **영화 봤어요.**

영화 봤어요 是 영화 봐요 的过去时制表达方法。영화 봐요 的意思是"看电影",所以,영화 봤어요 的意思是"我看电影了"。

③ **그래서 지금 돈이 하나도 없어요.**

그래서 意味着"所以,因此",하나도 없어요 是"一点也没有"。그래서 지금 돈이 하나도 없어요 整句话的意思就是"因此,我现在一分钱也没有"。

语法说明

● 动词词干 + 았 / 었 / 였어요 : 过去时

1) 若动词词干以 ㅏ 或者 ㅗ 收尾，则加 −았어요 变为过去时。

- 가다 → 가았어요 → 갔어요　　　　　去 → 去了
- 오다 → 오았어요 → 왔어요　　　　　来 → 来了
- 보다 → 보았어요 → 봤어요　　　　　看 → 看了
- 어제 영화 봤어요.　　　　　　　　昨天我看电影了。

2) 若动词词干以 ㅏ 或者 ㅗ 之外的元音收尾，则应加 −었어요。

- 먹다 → 먹었어요　　　　　　　　　吃 → 吃了
- 마시다 → 마시었어요 → 마셨어요　　喝 → 喝了
- 김치를 먹었어요.　　　　　　　　吃泡菜了。

3) 若动词以 −하다 收尾，则应加 −였어요。因此所有的 −하다 动词均应变为 −했어요。

- 하다 → 하였어요 → 했어요　　　　　做 → 做了
- 공부하다 → 공부했어요　　　　　　学习 → 学习了
- 식사하다 → 식사했어요　　　　　　吃饭 → 吃饭了
- 지난 주말에 쇼핑했어요.　　　　　上个周末购物了。
- 작년에 결혼했어요.　　　　　　　去年结婚了。

● **名词 + 와 / 과 + 名词 : ～和～**

这一用法主要用于书面语。在口语中，习惯用 −하고。

元音收尾的名词 **+ 와**

辅音收尾的名词 **+ 과**

- 치약과 칫솔을 사요.　　　　　　买牙膏和牙刷。
- 과일과 채소를 많이 먹어요.　　　吃很多水果和蔬菜。
- 가족과 살아요.　　　　　　　　　和家人一起住。

词汇扩充

일상 용품 日常用品

양말
袜子

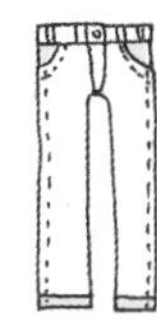

바지
裤子

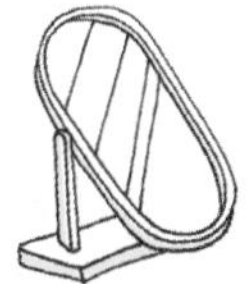

거울
镜子

화장품
化妆品

치약
牙膏

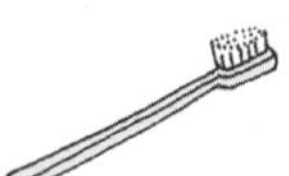

칫솔
牙刷

비누
肥皂

샴푸
洗发香波

꽃
花

침대
床

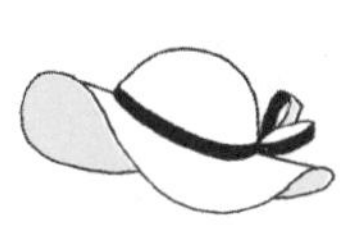

모자
帽子

우산
雨伞

스카프	스타킹	와이셔츠	로션
围巾	长筒袜，高筒袜	衬衫	乳液
향수	수첩	가구	슬리퍼
香水	笔记本，手册	家具	拖鞋

趣味插曲

皮埃尔的精彩旅行

묘 묘　어제 뭐 했어요?

피에르　방콕 갔어요.

묘 묘　태국에 갔어요?

피에르　아니요. 방에만 있었어요.(只呆在房间里了)

年轻的韩国人不直接说 방에만 있었어요, 而是都说 방콕

갔어요。

묘 묘　호호호! 피에르 씨, 你怎么知道这么多有趣的表达啊?

피에르　这是我从 한국 친구 那里学来的。

묘 묘　看来我也应该多交 한국 친구!

韩国语中的新词

피에르 와, 오늘 히로 씨 멋있어요. 你看起来就像 얼짱.

히 로 네? 얼짱이요? 什么意思啊?

피에르 얼짱 就是外貌很出众的人。한국 的年轻人常用的流行语。얼굴(脸)이 짱 예쁘다! 얼짱!

히 로 재밌어요. 피에르 씨는 한국 유행어(流行语)도 많이 알아요?

피에르 그럼요. 如果你想交 한국 친구, 你一定要知道这些最近流行的俗语。有很多新词都和人的外表有关。한국 年轻人把苗条的身材叫 S라인; 把没有化装的脸叫做 쌩얼; 把腹肌称做 초콜릿 복근; 同时拥有娃娃脸和诱人身材的女孩叫 베이글녀.

히 로 와우~ 많네요.

피에르 如果你想和 한국 年轻人一起聊天，你应该知道这些 유행어。但是要注意，不可以对年纪大的人使用这些新词，因为一些年纪大的 한국 人不喜欢这些。

언제 한국에 왔어요? 什么时候来韩国的?

学习目标 ㅣ 谈论过去的事情
韩国文化 ㅣ 特殊日子的特殊庆祝方式

 **情景对话** 片段 25

1 宽子和巴特在仁川机场接客人的时候聊起天来。

히 로	언제 한국에 왔어요?	什么时候来韩国的?
바 트	지난 팔월에 한국에 왔어요.[①]	去年8月份来的。
히 로	언제 인도에 돌아가요?	那什么时候回印度?
바 트	글쎄요.[②]	不好说。

 韩公主问巴特什么时候结婚的。

| 한공주 | 언제 결혼했어요? | 什么时候结婚的? |
| 바 트 | 작년에 결혼했어요. | 去年。 |

3 **阿香聊起苗苗的手表。**

흐 엉	와우, 시계가 예뻐요.	哇,手表真漂亮!
묘 묘	생일에 남자 친구한테서 받았어요.③	过生日的时候,男朋友送我的。
흐 엉	남자 친구 있어요?	有男朋友吗?
묘 묘	네, 한 달 전에 생겼어요.④	是的,一个月以前交的。

词汇及表达

지난 上个 **돌아가다** 返回 **글쎄요** 不好说 **결혼하다** 结婚
작년[장년] 去年 **시계** 闹钟; 手表 **받다** 收到
생기다 有; 发生 **지난주** 上周 **지난달** 上个月
한 시간 一个小时 **삼 일** 三天 **일주일** 一个星期 **주일** 周, 一周
한 달 一个月 **일 년** 一年

 对话说明

● **对话深入扩展**

① **지난 8월에 한국에 왔어요.**

지난 指的是 "上个"，지난주 是 "上个星期"，지난달 是 "上个月"，
지난여름 是 "去年夏天"，지난해 是 "去年"。 因此，지난 8월에 한
국에 왔어요 这句话的意思是 "去年8月来韩国的"。

② **글쎄요.**

在不知道明确答案、无法下定决心，或者不想立刻回答的时候，多
使用这句话来表达。

③ **생일에 남자 친구한테서 받았어요.**

－한테서 的意思是 "从～"。用于某个人名字之后，指明某件事从
这个人引发。

④ **한 달 전에 생겼어요.**

한 달 전에 的意思是 "一个月以前"，생기다 是 "有；产生，发生"，
한 달 전에 생겼어요 的意思是 "一个月以前有的(交的)"。

语法说明

● 时间名词 + 전에：～之前

通常用来指明某件事发生了多长时间（其时间为过去事件发生时到发话者发话时的总时长）。

- 오 년 전에 결혼했어요.　　5年前结婚了。
- 다섯 달 전에 한국에 왔어요.　　5个月以前来韩国的。
- 오 분 전에 왔어요.　　5分钟前到的。

● 时间名词 + 후에 / 뒤에：～之后

通常用来指明某件事发生之前要经过的时间（其时间为以现在为基准延续到未来某个事件发生时的总时长）。

- 일 년 후에 캐나다에 가요.　　1年以后去加拿大。
- 수업 후에 식사해요.　　下课以后吃饭。
- 한 시간 뒤에 만나요.　　一个小时以后见面。

● 人 + 한테：给～，对～

这里，用来指明其名词充当某一动作的目标，用在所提及的某人或某事的后面。

- 친구한테 전화해요.　　　　　　　给朋友打电话。
- 여자 친구한테 이메일 보내요.　　给女朋友发邮件。
- 선생님한테 말해요.　　　　　　　对老师说。

● 人 + 한테(서) : 从~

这个标志词用来指明其名词为某一动作的发起者，用在某人或某事的后面，此时 서 可以省略。

- 엄마한테(서) 편지가 왔어요.　　　　从妈妈那儿接到一封信。
- 남자 친구한테(서) 선물을 받았어요.　从男朋友那儿收到礼物。
- 친구한테(서) 전화가 왔어요.　　　　从朋友那儿接到电话。

词汇扩充

사랑 爱情 片段 25

소개받다
被介绍（给某人，以约会为目的）

데이트하다
约会

선물하다
送礼物

사랑하다
爱

고백하다
告白，表白

청혼하다 / 프러포즈하다
求婚

약혼하다
定婚

결혼하다
结婚

无法抗拒的魅力

宽子对韩公主的婚姻很好奇。

히 로　선생님, 언제 결혼했어요?

한공주　작년 12월에 결혼했어요.

히 로　남편(丈夫)을 언제 처음(第一次) 만났어요?

한공주　작년 10월에 만났어요.

히 로　네? 그럼, 交往2个月之后就结婚了?

한공주　你也知道的，这还不都是因为我那无法抗拒的魅力嘛。

　　　　첫눈에 사랑에 빠졌어요(一见钟情).

特殊日子的特殊庆祝方式

한공주 마리 씨, 你跟根硕已经交往100天了吧?

마 리 음… 아마(也许)….

한공주 你对纪念日不感兴趣吗? 한국 年轻人喜欢庆祝这些纪念日, 像 백 일(100天), 일 년, 이 년, 삼 년 和 천 일 等等。

마 리 맞아요. 한국 사람 比 캐나다 사람 更热烈地庆祝 발렌타인 데이.

한공주 另外, 3月14号, 我们庆祝 화이트 데이; 4月14号, 庆祝 블랙 데이.

마 리 블랙 데이가 뭐예요?

한공주 一些没有 남자 친구 / 여자 친구 的人在一起吃 짜장면, 共同"庆祝"自己的孤单。

마 리 와우, 재미있어요. 您的意思是单身们在一起庆祝?

한공주 最近, 年轻人几乎每个月的14号都在庆祝。6月 14号是 키스데이(接吻之日)。

마 리 키스 데이?!

한공주 네, 그날 남자 친구하고 키스하세요.

마 리 선생님~ 부끄러워요(我很害羞的).

이 근처에 맛있는 이태리 식당 있어요?

这附近有好吃的意大利餐厅吗?

学习目标 ┃ 告知某事
韩国文化 ┃ 韩国人的迷信

 **情景对话**　　片段 26

1　阿香想在梨泰院找好吃的意大利餐厅，她给韩公主打电话。

한공주	여보세요.	喂?
흐 엉	선생님, 안녕하세요? 저 흐엉이에요.	老师，您好！我是阿香。
한공주	아, 흐엉 씨.	哦，是阿香啊。
흐 엉	저 지금 친구들하고 이태원에 왔어요.	我现在和朋友们来梨泰院了。

이 근처에 맛있는 이태리 식당 있어요?[1]　　　　这附近有没有好吃的意大利餐厅?

한공주　미안해요. 제가 잘 몰라요.　　　　抱歉，我不太清楚。

　　　　피에르 씨가 잘 알아요.　　　　皮埃尔(对那儿)很熟悉。

　　　　피에르 씨한테 물어 보세요.[2]　　　　问问皮埃尔吧。

호 영　네, 감사합니다. 안녕히 계세요.　　　　好的，谢谢老师，再见!

한공주　내일 학교에서 만나요.　　　　明天在学校见!

2 **宽子在买旅行包。**

히 로　여행 가방 있어요?　　　　有旅行包吗?

점 원　네, 이거 어때요?　　　　有，这个怎么样?

히 로　너무 작아요.　　　　太小了。

　　　　좀 더 큰 것 있어요?　　　　有再大一点儿的吗?

점 원　그럼, 이거는 어때요?　　　　那么，这个怎么样呢?

히 로　좋아요. 그런데 파란색도 있어요?　　　　好，不过，请问有没有蓝色的?

점 원　네, 여기 있어요.　　　　有，给你 / 在这儿。

3 根硕问玛丽昨天做什么了。

근 석	어제 집에 있었어요?	昨天(你)在家里了吗?
마 리	아니요, 외출했어요.	没有，(我)出去了。
	친구 선물 사러 백화점에 갔어요.	去百货商店给朋友买礼物去了。
근 석	뭐 샀어요?	买什么了？
마 리	예쁜 스카프 샀어요.	买了一条漂亮的围巾。
근 석	친구가 좋아하겠어요.③	朋友一定会喜欢的。

词汇及表达

근처 附近 잘 好 물어 보세요 问问 너무 太

파란색 蓝色 외출하다 出去，外出 선물 礼物 스카프 围巾

 对话说明

● **对话深入扩展**

① **이 근처에 맛있는 이태리 식당 있어요?**

맛있는 是 맛있다 的变型。当在名词前出现的时候，需要将其变换成形容词的形式以修饰后面的名词。

② **피에르 씨한테 물어 보세요.**

물어 是 묻다（问）的变型。물어 보세요 的意思是"去问问～吧"。在这里，ㄷ 发生了不规则变化。在元音前，将 ㄷ 变换成 ㄹ。

③ **친구가 좋아하겠어요.**

겠 在 좋아하겠어요 这句话里表示推测。因此，친구가 좋아하겠어요 的意思是"我想你朋友会喜欢的"。

 **语法说明**

● **形容词词干 (으)ㄴ / 는 + 名词**

在韩国语里，当形容词出现在名词前时，应使用形容词的定语
形式。

形容词词干以元音收尾 **+ ㄴ**

形容词词干以辅音收尾 **+ 은**

形容词词干以 **있** 或者 **없** 收尾 **+ 는**

- 조용한 카페를 좋아해요.　　　　喜欢安静的咖啡店。

- 좋은 식당 알아요?　　　　知道好点儿的餐厅吗?

- 재미있는 영화예요.　　　　是很有意思的电影。

● **动词词干 + 아 / 어 / 여 보다 : 试着~**

用这个句式来表明试着去做某事。

1) 若动词词干以 ㅏ 或者 ㅗ 收尾，则添加 −아 보다。

- 경복궁에 가 보세요.　　　　去景福宫看看吧。

2) 若动词词干以 ㅏ 或者 ㅗ 之外的元音收尾，则添加 -어 보다.

• 드셔 보세요.　　　　　　　　　　　请尝尝看。

3) 若动词以 -하다 收尾，则添加 -여 보다。于是，所有的 -하다
　　动词均变化为 -해 보다.

• 한국 회사에서 인턴을 해 보세요.　　在韩国公司试着做实习生吧。

● 动词词干 + (으)러 : 为了

这个句式与 가다 或 오다 一起使用，表示去或者来某个地方做某事。

辅音收尾 + 으러

元音或 ㄹ 收尾 + 러

• 공부하러 한국에 왔어요.　　　　　来韩国学习。

• 약 먹으러 집에 가요.　　　　　　回家吃药。

• 친구 집에 놀러 가요.　　　　　　去朋友家里玩儿。

● ㄹ 的不规则变化

ㄹ 的不规则变化是指 ㄹ 变为 -ㄹ라 或者是 -ㄹ러.

在 ㄹ 前，若出现元音 ㅗ 或者 ㅏ，ㄹ 变换成 -ㄹ라。若在其他元

音后出现，르 变换成 –ㄹ러。

> 前接 ㅗ 或者 ㅏ : 르 变为 ㄹ라
>
> 前接其他元音 : 르 变为 ㄹ러

- 다르다 不同 → 달라요
- 빠르다 快 → 빨라요
- 노래 부르다 唱歌 → 노래 불러요

● ㅎ 的不规则变化

ㅎ 的不规则变化是指在元音前省略 ㅎ。在 –아 / –어 / –여 元音前省略 ㅎ 后，添加 ㅣ。

- 파랗다 → 파랗아요 → 파라아요 → 파라요 → 파래요 蓝
- 파랗다 → 파랗은 → 파라은 → 파란
- 하얗다 → 하얗아요 → 하야아요 → 하야요 → 하얘요 白, 雪白
- 하얗다 → 하얗은 → 하야은 → 하얀
- 까맣다 → 까맣아요 → 까마아요 → 까마요 → 까매요 黑
- 까맣다 → 까맣은 → 까마은 → 까만

词汇扩充

형용사2 形容词2

片段26

基本形	在一句话的句尾	在名词前
크다 大	커요	큰
작다 小	작아요	작은
많다 多	많아요	많은
적다 少	적어요	적은
같다 相同	같아요	같은
다르다 不同	달라요	다른
부족하다 不足, 不够	부족해요	부족한
충분하다 充足, 充分	충분해요	충분한
가볍다 轻	가벼워요	가벼운
무겁다 重	무거워요	무거운
가깝다 近	가까워요	가까운
멀다 远	멀어요	먼
낮다 低	낮아요	낮은
높다 高	높아요	높은
느리다 慢	느려요	느린
빠르다 快	빨라요	빠른
쉽다 容易	쉬워요	쉬운
어렵다 难, 困难	어려워요	어려운

짧다 短	짧아요	짧은
길다 长	길어요	긴
좁다 窄	좁아요	좁은
넓다 宽	넓어요	넓은
밝다 明亮, 亮	밝아요	밝은
어둡다 黑暗, 暗	어두워요	어두운
춥다 冷(天气)	추워요	추운
덥다 热(天气)	더워요	더운
차다 冷, 凉(物体)	차요	찬
뜨겁다 热(物体)	뜨거워요	뜨거운
조용하다 安静	조용해요	조용한
시끄럽다 吵闹, 嘈杂	시끄러워요	시끄러운
행복하다 幸福	행복해요	행복한
슬프다 难过, 伤心	슬퍼요	슬픈

색 颜色

흰색 白色	검은색 黑色	빨간색 红色
주황색 橘黄色	노란색 黄色	초록색 绿色
파란색 青色	남색 蓝色	보라색 紫色

趣味插曲

玛丽的理想型

玛丽想介绍一个不错的男生给她的朋友。

마 리 　멋있는 남자 알아요?

근 석 　멋있는 남자 몰라요. 좋은 남자 알아요.

마 리 　좋은 남자가 어디에 있어요?

근 석 　(指着自己) 여기 있어요.

마 리 　근석 씨, 정말 재미있는 남자예요.

근 석 　마리 씨는 예쁜 여자예요.

韩国人的迷信

마 리 유나 씨, 여기에 전화번호 써 주세요.

유 나 앗! 마리 씨, 제 이름을 빨간색으로 썼어요(你用红笔写了我的名字)。

마 리 왜요?

유 나 한국에서는 빨간색으로 이름을 쓰지 않아요.

마 리 정말요?

유 나 네. 빨간색으로 이름을 쓰면 나쁜 일이 생겨요(如果用红笔写名字的话，会发生不好的事情)。

마 리 这是 미신(迷信)。

유 나 但是我们很相信。

마 리 알겠어요. 가르쳐 줘서 고마워요(谢谢你告诉我)。

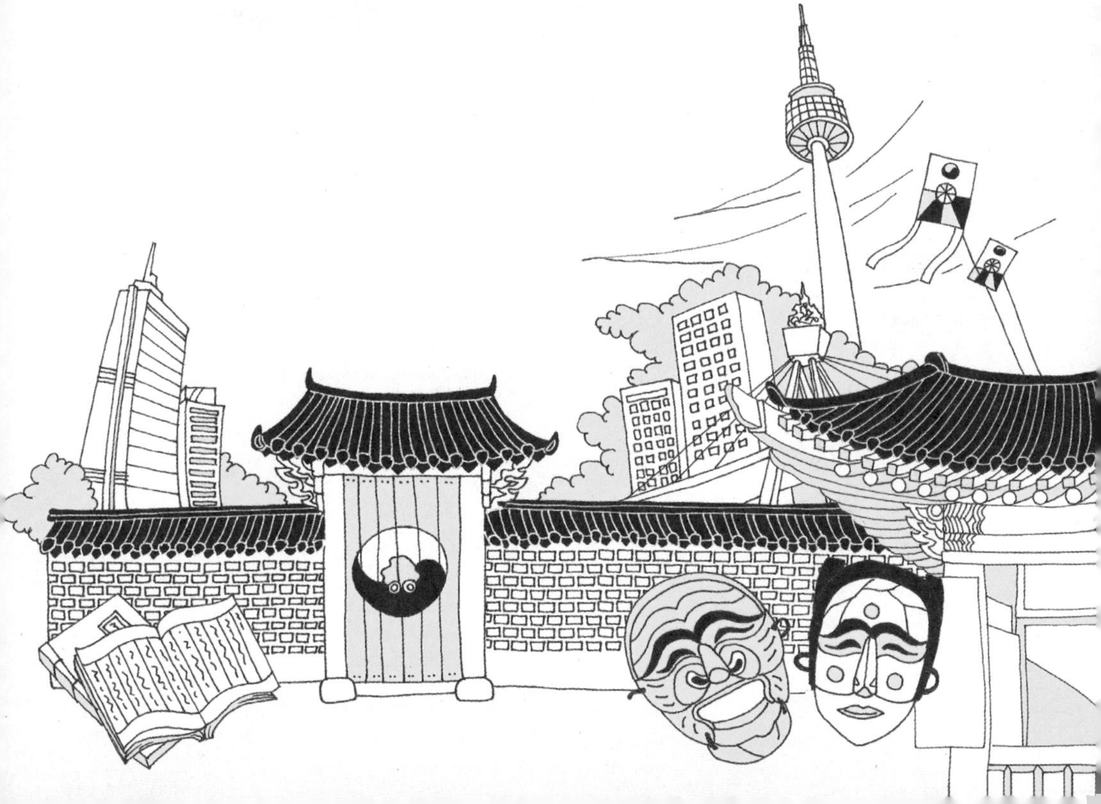

수영 잘해요? (你)游泳游得好吗?

学习目标 ┃ 活用副词
韩国文化 ┃ 韩国的夜生活

 ## 情景对话 片段 27

1 瑜娜和皮埃尔在讨论关于游泳的问题。

| 피에르 | 수영 잘해요?① | (你)游泳游得好吗? |

유 나 　잘 못 해요.② 　　　　　　　游得不太好。

　　　　피에르 씨는요?③ 　　　　　皮埃尔，你呢?

피에르 　저는 좀 해요. 　　　　　　我还行，会游一点儿。

유 나　피에르 씨가 좀 가르쳐 주세요.　　那你教教我吧。

피에르　알겠어요.　　好的。

2　根硕和玛丽在讨论即将到来的考试。

근 석　어제 공부 많이 했어요?　　昨天学得多吗?

마 리　네, 공부만 했어요.④　　嗯, 昨天光学习了。

근 석　정말 대단해요.⑤　　真厉害!

　　　시험 잘 보세요. 파이팅!⑥　　好好考试, 加油!

마 리　고마워요.　　谢谢!

　　　근석 씨도요.⑦　　根硕你也加油啊!

3　苗苗和瑜娜在讨论卡拉OK。

묘 묘　노래방에 자주 가요?　　你经常去卡拉OK吗?

유 나　가끔 가요.　　偶尔去。

묘 묘　언제 같이 가요.　　什么时候咱们一起去吧。

유 나　좋아요. 기대돼요.　　好, 真让人期待啊。

4 皮埃尔和阿香在讨论午餐。

피에르	점심에 뭐 먹어요?	午餐吃什么?
흐 엉	보통 비빔밥 먹어요.	通常吃拌饭。
피에르	비빔밥에 고추장 넣어요?	拌饭里放辣椒酱吗?
흐 엉	물론이에요. 조금 넣어요.	当然，放一点儿。

词汇及表达

수영(수영하다) 游泳 **잘하다** 擅长; 做好 **못** 不能

못하다[모타다] 不会; 不(能); 逊色; … 不了 **잘 못 하다[잘모타다]** 不太会做(某事)

좀 一点儿; 请 **가르쳐 주세요** 请教教我

많이[마니] 多 **정말** 真的 **대단해요(대단하다)** 厉害，了不起

시험 봐요(시험 보다) (参加)考试 **시험 잘 보세요** 祝你考好

파이팅 加油(韩国语里表示鼓励的一句惯用语) **자주** 常常

종종 常 **가끔** 偶尔，有时 **언제** 什么时候

기대돼요(기대되다) (被)期望，(被)期待 **기대하다** 期待，期盼 **보통** 通常 **고추장** 辣椒酱

넣다[너타] 放 **물론이에요[물로니에요]** 当然

对话说明

● **对话深入扩展**

① **수영 잘해요?**

수영해요 指的是 "游泳"，잘 的意思是 "好，擅长"。因此，수영 잘해요 的意思就是 "游得好"。这时，注意应将副词 잘 置于 해요 之前。

② **잘 못 해요.**

못 的意思是 "不能"。잘 못 해요 这句话的意思是说 "（某事）做得不好"。

③ **피에르 씨는요?**

–는요? 的意思是 "〜呢？/〜怎么样？"。再次问同样的问题时，通常采用这种简短的省略形式。

④ **공부만 했어요.**

–만 是一个标志词。它的意思是 "只，仅"。因此，공부만 했어요 这句话的意思是 "我只学习了"（换句话说，"除了学习，什么也没做"）。

⑤ 정말 대단해요.

대단하다 的意思是 "厉害，了不起"，정말 的意思是 "真的"。因此，정말 대단해요 的意思是 "真的太厉害了！"。

⑥ 파이팅

파이팅 指的是 "加油"。在考试、竞赛或者是做其他重要的（困难的）事情前，用这句话来互相鼓励，彼此加油。这是一个韩国式的英语单词。

⑦ 근석 씨도요.

–도요 的意思是 "与～一样"。근석 씨도요 的意思是 "根硕也一样"。当某人对我们说某句祝福的时候，可以使用这一句话表达同样的祝福。

语法说明

● 名词 + 만 : 仅 / 只

这个标志词可以用来指明某种唯一的选择。可以作为一个主格标志词或者一个宾格标志词而出现，也可以用在 –에 & –에서 之后。

- 저만 한국 사람이에요.　　　　　只有我是韩国人。
- 소고기만 먹어요.　　　　　（我）只吃牛肉。
- 집에만 있었어요.　　　　　（我）只呆在家里了。

● 名词 + 은 / 는요? : ～怎么样?

再次问已提及过的同样的问题，或者问某个有密切关系的问题，或某种先行状况时，经常使用这个句式。

> 名词以元音收尾 + 는요?
>
> 名词以辅音收尾 + 은요?

묘　묘　불고기 주세요.　　　　　给我来（一份）烤肉。

점　원　음료수는요?　　　　　饮料呢?（需要什么饮料?）

한공주　저는 불고기 좋아해요.　　　　　我喜欢烤肉。

피에르　삼겹살은요?　　　　　五花肉呢?

● 名词 + 도요 : ~也一样

这个句型可以用来表示某人或者某事和之前的一样。因此，当某
人对我们说什么好的事情时，可以使用这句话作为回答。

점 원　뭐 드시겠어요?　　　　　　　(你)要吃什么?

마 리　비빔밥 주세요.　　　　　　　(我)要拌饭。

근 석　저도요.　　　　　　　　　　我也来一样的。

바 트　주말 잘 지내세요.　　　　　　周末快乐!

호 엉　바트 씨도요.　　　　　　　　你也周末快乐!

● 副词

用于动词前表示数量、频率或者能力。

Q : 수영 잘해요? ❶　　　　　　　游泳游得好吗?

A : 못해요. ❷　　　　　　　　　　不会游。

잘 못 해요.　　　　　　　　　　　不太好。

조금 해요.　　　　　　　　　　　会游一点儿。

잘해요.　　　　　　　　　　　　游得好。

아주 잘해요.　　　　　　　　　　游得非常好。

Q : 어제 공부 많이 했어요?　　　　昨天学得多吗?

A : 안 했어요.　　　　　　　　　　没学习。

조금 했어요.	学了一点儿。
많이 했어요.	学得多。
아주 많이 했어요.	学得非常多。

Q : 노래방에 자주 가요?	(你)经常去卡拉OK吗?
A : 안 가요.	不去。
가끔 가요.	偶尔去。
종종 가요.	常去。
자주 가요.	常常去。

Q : 점심에 뭐 먹어요?	午饭吃什么?
A : 보통 비빔밥 먹어요.	一般吃拌饭。

❶&❷ 잘하다 & 못하다

잘 和 못 都是副词，不过，잘하다 和 못하다 做为一个单词使用时，잘해요 和 못해요 这两个表达都不要加空格。

词汇扩充

부사 副词

 片段 27

아주 很，非常	매우 很，十分（书面语）	참 真（表示感叹）	무척 特别
너무 太，过分	정말 真的	진짜 真，真的	완전 真的（年轻人常用的口语）；完全
조금 一点儿	많이 多，不少	가끔 偶尔，间或，有时	종종 常
자주 常常	보통 通常	항상 总是，经常	언제나 总是；无论什么时候
매일 每天	처음 第一次	일찍 早	늦게 晚
빨리 快，赶快	천천히 慢慢地	차갑게 凉，冰冻	뜨겁게 热，热烈地
맵게 辣	안 맵게 不辣	전에 以前	나중에 以后
아까 刚才（在今天之内）	이따가 等一会儿（在今天之内）	벌써 已经	아직 还，尚
갑자기 突然	모두 都，全都	혹시 或许，如果（用在问句里和 –(으)면 同时使用）	아마 大概，可能

趣味插曲

皮埃尔的梦幻般韩国生活

宽子充满好奇心，他很想知道皮埃尔是怎样打发业余时间的。

히 로　피에르 씨, 클럽에 가요?

피에르　네, 클럽에 자주 가요.

히 로　노래방에 가요?

피에르　네, 노래방에 자주 가요.

히 로　찜질방은요?

피에르　찜질방도 자주 가요.

히 로　그럼 공부는 언제 해요?

피에르　공부는 틈틈이(一有空，得空) 해요.

히 로　真的吗?

피에르　那当然，我可是一个聪明的人啊。

韩国的夜生活

바 트 와, 서울 的夜晚这么明亮啊!

피에르 这也是韩国的魅力之一，很多店铺都通宵营业。

바 트 你晚上经常出来吗?

피에르 바트 씨, 你也晚上出来走走。有很多店铺的门都是开着的，而且，韩国有24小时 마트, 쇼핑몰, 햄버거 가게, 카페, 클럽, 甚至还有 미용실 等。한국은 정말 夜晚的天堂 이예요。

바 트 我觉得 한국 사람 精力都特别充沛。他们哪里来的那么多精力呢?

피에르 我想是从 한국 고추장(红色的辣椒酱)里来的吧。

바 트 고추장이요?

피에르 네. 고추장 是用辣椒和糯米做成的，辣椒里含有丰富的维生素C，糯米里含有大量的维生素B和碳水化合物。这就是一个真正的能量库!

바 트 噢, 听起来好像是那么回事。피에르 박사님(皮埃尔博士)!

피에르 那是当然! 实际上，我还想在这方面进行更多的研究呢。

이번 주말에 뭐 할 거예요? 这个周末要做什么?

学习目标 ㅣ 谈论未来
韩国文化 ㅣ 练歌房(卡拉OK)

 ## 情景对话　片段 28

1　韩公主和巴特在一家旅游代办公司，她问巴特放假有什么打算。

한공주	방학이 언제부터 언제까지예요?	假期什么时候开始，什么时候结束?
바 트	7월부터 8월까지예요.	从7月到，8月为止。
한공주	방학에 뭐 할 거예요?	放假要做什么?
바 트	제주도에 갈 거예요.	打算去济州岛。

| 한공주 | 제주도에서 뭐 할 거예요? | 在济州岛做什么? |
| 바 트 | 낚시할 거예요. | 想要钓鱼。 |

2 宽子向瑜娜询问这个周末的日程安排。

히 로	이번 주말에 뭐 할 거예요?	这个周末要做什么?
유 나	등산할 거예요.	打算去爬山。
히 로	어느 산에 갈 거예요?	要去哪个山?
유 나	북한산에 갈 거예요.	要去北汉山。
히 로	누구하고 갈 거예요?	和谁一起去啊?
유 나	가족하고 갈 거예요.	和家人一起去。
히 로	다음에 저도 데리고 가요.[1]	下次也带我一起去吧。

3 阿香问苗苗她的假期计划是什么。

흐 엉	이번 여름휴가에 뭐 할 거예요?	这次暑期休假(你)要做什么?
묘 묘	하와이에 갈 거예요.	打算去夏威夷。
흐 엉	얼마 동안 갈 거예요?[2]	打算去多长时间呢?
묘 묘	7박 8일 동안 갈 거예요.[3]	打算去8天7夜。
흐 엉	하와이에서 뭐 할 거예요?	在夏威夷要做什么?
묘 묘	사람 구경할 거예요.[4]	看热闹呗。

 根硕和玛丽终于一起去了练歌房。

근 석	마리 씨, 뭐 부를 거예요?	玛丽，要唱什么歌呀？
마 리	'강남 스타일' 부를 거예요.	我要唱"江南style"。
근 석	와우!	哇!
마 리	연습 많이 했어요.	练了好多遍的。
근 석	몇 번이에요?	多少号？
마 리	20037이에요. 좀 눌러 주세요.⑤	20037，请帮我按一下。
근 석	네. 자, 시작하세요.	好的，来，开始！

词汇及表达

방학 (学校)放假; 假期 **제주도** 济州岛 **낚시하다**[낙씨하다] 钓鱼

주말 周末 **등산하다** 爬山，登山 **북한산**[부칸산] 北汉山

−을 / −를 데리고 가다 带某人去(某地)

여름 夏天 **휴가** (公司)休假 **하와이** 夏威夷 **동안** 期间，时间

얼마 동안 多长时间 **7박 8일** 8天7夜 **−박 −일** ~天~夜

사람 구경하다 看热闹; 看人 **노래 부르다** 唱歌

연습하다[연스파다] 练习 **누르다** 按(键盘); 输入

좀 눌러 주세요 请按一下; 请输入一下 **자** 来; 我看看; 好的

 对话说明

● **对话深入扩展**

① **다음에 저도 데리고 가요.**

데리고 가요 的意思是 "带（某人）去" 或者 "领（某人）去"。因此，다음에 저도 데리고 가요 这句话的意思是 "下次也带我一起去" 或者 "下次也领我一起去"。"带某物" 或着 "携带某物" 翻译成韩国语是 가지고 가요 / 와요。

② **얼마 동안 갈 거예요?**

동안 是 "期间，时间" 的意思。因此，얼마 동안 的意思就是 "多长时间?"。

③ **7박 8일 동안 갈 거예요.**

7박 8일 的意思是 "8天7夜"。值得注意的是，在这里，应该先说夜晚后说白天。

④ **사람 구경할 거예요.**

사람 指的是 "人"，구경하다 是 "观察，看热闹"。于是，사람 구경하다 的意思就是 "看人" 或者是 "看热闹"。

⑤ **좀 눌러 주세요.**

누르다 是 "按键" 或者 "输入"。因此，눌러 주세요 的意思就是 "请按一下"。

 # 语法说明

● 动词词干 + (으)ㄹ 거예요 : 要／打算~

这个句型可以用来表明某一个未来计划、目标或者一个预测。在表达预测时，通常与 아마(也许) 搭配使用，也可以用来表达包含描写在内的某种预测。

动词词干以辅音收尾 **+ 을 거예요**

动词词干以元音收尾 **+ ㄹ 거예요**

• 좀 이따가 밥 먹을 거예요.	等一会儿吃饭。
• 언제 결혼할 거예요?	什么时候结婚？
• 아마 그분이 미국 사람일 거예요.	他也许是美国人。

● (시간1)부터 (시간2)까지 : 从(时间1)到(时间2)

这两个标志词可以用来表示某一时间的间隔或者范围。

• 아홉 시부터 다섯 시까지 일해요.	从9点到5点工作。
• 3월부터 6월까지 공부해요.	从3月到6月学习。
• 오늘부터 내일까지 휴가예요.	从今天到明天休假。

● 时间 + 동안 : ～时间 / 期间

用来表示时间持续的长度。应该注意的是，동안 是一个限定名词，
而非标志词。因此，在 동안 前应留一空格。

- 일주일 동안 휴가예요.　　　　　　休假休一个星期。
- 두 시간 동안 회의해요.　　　　　　开两个小时的会。
- 한 달 동안 방학이에요.　　　　　　放一个月的假。

词汇扩充

취미 _{兴趣, 爱好}

片段 28

Q : 취미가 뭐예요? 爱好是什么?

A : _________________ 이에요 / 예요. 爱好是~。

노래 부르기
唱歌

음악 감상
音乐欣赏

글쓰기
写作

독서
读书

춤추기
跳舞

조깅
慢跑

요가
瑜伽

태권도
跆拳道

등산
登山, 爬山

낚시
钓鱼

요리
烹调

산책
散步

苗苗的至爱

韩公主问苗苗这个周末有什么安排。

한공주　주말에 뭐 할 거예요?

묘 묘　콘서트 할 거예요.

한공주　콘서트 갈 거예요?

묘 묘　아니요, 콘서트 할 거예요.

한공주　묘묘 씨, 가수예요?

묘 묘　아니요, 호호. 빅뱅 팬이에요.

　　　　노래방에서 친구하고 빅뱅 콘서트 할 거예요.

한공주　오, 저도 그 콘서트에 가고 싶어요!

练歌房

마 리 　와우, 이 노래방 좋아요!

유 나 　한국에는 다양한(多种多样的) 노래방이 있어요.

저는 이런 밝고 깨끗한 노래방을 좋아해요.(我喜欢像这样又亮堂又干净的练歌房。)

마 리 　유나 씨는 노래방에 자주 와요?

유 나 　네. 노래방은 한국 사람한테 중요한 장소(重要的场所)예요.

因为在这里，我们能和朋友一起度过愉快的时间，能更好地了解和我们在一起的人，能对自己所爱的人放声高唱爱恋之歌或者悄声表白。另外，还有一些人来这里大声歌唱而消除压力。

마 리 　아～ 그럼 유나 씨, 우리 이제 친구예요?

유 나 　음…… 我想是这样的。

마 리 　와, 기뻐요!

담배 피우지 마세요. 请不要吸烟。

学习目标 ㅣ 提出建议
韩国文化 ㅣ 韩国人的饮酒文化

 ## 情景对话　片段 29

1 巴特去看医生。

의 사	어디가 아프세요?①	哪里不舒服？
바 트	목이 아파요.	嗓子疼。
의 사	담배 피우세요?	抽烟吗？
바 트	네, 담배 조금 피워요.	是的，抽一点儿。

| 의 사 | 이 약을 드세요. | 把这药吃了。 |
| | 그리고 담배 피우지 마세요.[②] | 还有，不要吸烟了。 |

2 皮埃尔去找药剂师。

약 사	무슨 약 드릴까요?	(你)需要什么药？
피에르	어제 술을 많이 마셨어요.	昨天喝酒喝多了，
	그래서 머리가 아파요.	所以头疼。
약 사	그럼, 이 약을 드세요.	那，吃这药吧，
	그리고 푹 쉬세요.	然后好好休息。

3 苗苗去找美发师。

미용사	어서 오세요.	请进。
	예약하셨어요?[③]	请问(您)预约了吗？
묘 묘	네, 두 시요. 묘묘예요.	是的，下午两点的，(我)叫苗苗。
미용사	뭐 하실 거예요?	打算怎么做头发？
묘 묘	커트해 주세요.	请给我剪发吧。
미용사	어떻게 자를까요?	怎么剪？

묘 묘	이만큼 잘라 주세요.	剪这些。
미용사	앞머리도 자를까요?	前面的刘海也要剪吗?
묘 묘	아니요, 앞머리는 자르지 마세요.	不，刘海不要剪。

美发师剪好了苗苗的头发。

미용사	거울 보세요.	请看镜子。
묘 묘	네, 좋아요. 감사합니다.	嗯，好，谢谢您！
	수고하셨어요.④	辛苦了！
미용사	또 오세요.	欢迎下次再来。

词汇及表达

아프다 / 아파요 / 아프세요 生病，不舒服　**목** 脖子；嗓子　**담배** 烟

담배 피우다 / 피워요 / 피우세요 抽烟，吸烟　**조금** 一点儿

－지 마세요 不要，别~　**담배 피우지 마세요** 请不要吸烟

약사 药剂师　**약** 药

드시다 / 드세요 吃，喝（点心、饮品、食物等，表示尊敬）　**술** 酒

마시다 / 마셔요 / 마셨어요 喝　**머리** 头；头发

푹 酣，沉（用于休息或睡觉）　**쉬다 / 쉬어요 / 쉬세요** 休息

미용사 美发师　**예약하다** 预约　**커트하다** 剪发　**자르다** 剪

이만큼 这些　**앞머리** 刘海

 # 对话说明

● 对话深入扩展

① 어디가 아프세요?

어디 的意思是"哪儿"，아프다 指的是"生病"或者"不舒服"。另外，아프세요 是一种敬语的形式。因此，어디가 아프세요? 这句话的意思就是"(您)哪儿不舒服吗?"。

② 담배 피우지 마세요.

담배 피우다 的意思是"吸烟"。지 마세요 的意思是"请不要～"。담배 피우지 마세요 的意思就是"请不要吸烟"。

③ 예약하셨어요?

예약하다 的意思是"预约，预定"。예약하셨어요 是过去时的表达方法，而且含有表示尊敬的意味在内。

④ 수고하셨어요.

수고하셨어요 的意思是"做得非常好"。向为我们或者是代替我们做某事的人表达感谢之情的时候，可以使用这种表达方式。但应该注意这句话的字面意思是"辛苦了"。因此，老板或教授等上级不应使用。在这种情况下，应该使用 감사합니다。

● **动词 / 形容词词干 + (으)세요：表示尊敬的词尾**

在动词或者形容词后加上 −(으)세요，便成了含有尊敬意味在内的表达式。不过，值得注意的是，这种句式不可以用本人。

> 动词 / 形容词词干以辅音收尾 **+ 으세요**
>
> 动词 / 形容词词干以元音收尾 **+ 세요**

한공주	요즘 뭐 하세요?	最近做什么？
바 트	한국어를 공부해요.	学习韩国语。
묘 묘	어디 가세요?	去哪儿？
히 로	도서관에 가요.	去图书馆。
유 나	요즘 무슨 책 읽으세요?	最近看什么书？
피에르	해리포터 읽어요.	看《哈利·波特》。

● **动词词干 + 지 마세요：请不要~ / 请别~**

这是一个表示命令的否定表达式。

• 가지 마세요.	请别走。
• 술 마시지 마세요.	请不要喝酒。

• 담배 피우지 마세요.　　　　　　　　　　请不要吸烟。

● 名词 + 마다 : 每～

–마다 的意思是 "每～", –마다 在这里是一个标志词, 用在名词
之后。

• 아침마다 조깅해요.　　　　　每天早晨慢跑。
• 일요일마다 교회에 가요.　　　每个周日去教会。
• 6시간마다 약을 드세요.　　　每6个小时吃一次药。

词汇扩充

몸 身体部位名称  片段29

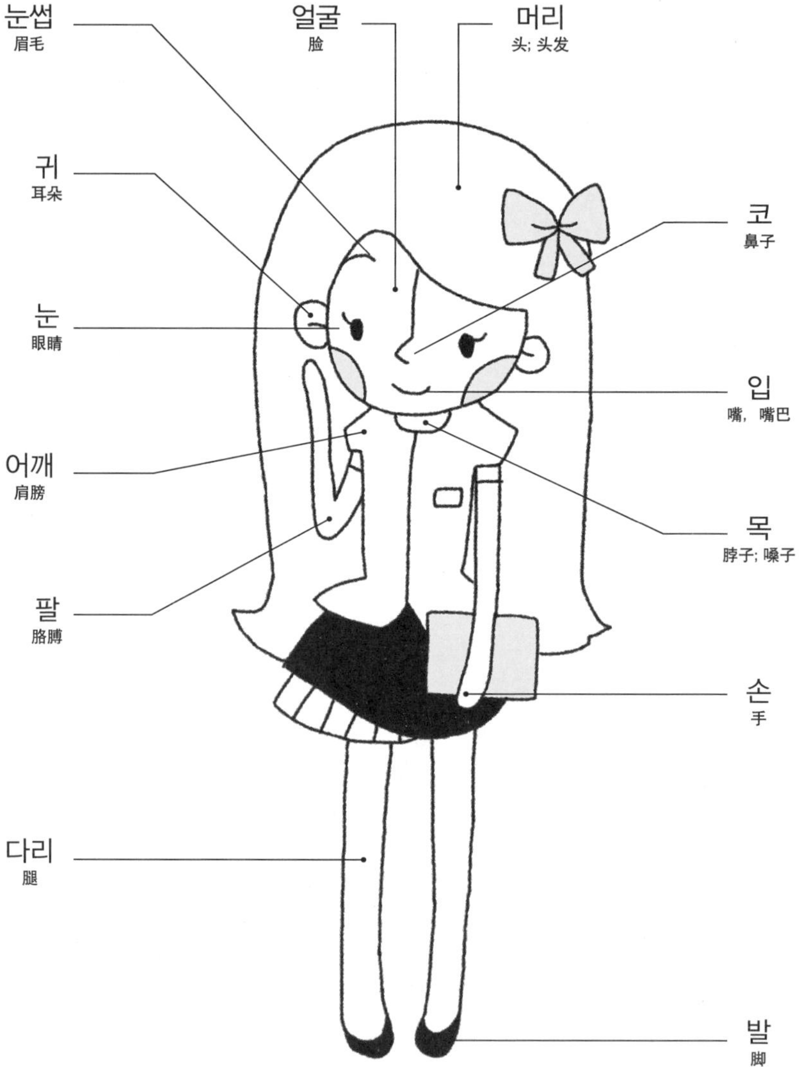

趣味插曲

令人震惊的消息

宽子肚子疼，去看医生。

히 로　배가 아파요.

의 사　어디 봅시다(我来看看).

医生诊断以后，说:

의 사　위염이에요(是胃炎).

宽子十分吃惊。

히 로　위험해요(很危险吗)? 그럼, 제가 죽어요(我会死吗)?

의 사　아니요, 그냥(只是) 위염이에요.

　　　　약 먹으면 괜찮아요❶(吃了药，就会没事的).

히 로　아~ '위염이에요'. 저는 '위험해요'로 들었어요(我还以为您说的

　　　　是 "危险" 呢). 휴~ 这下儿可放心了!

❶ 괜찮아요 的意思是 "我还好 / 没事 / 没有问题"。在要表达某件事情已经OK或者是询问
　某人是否OK的时候经常使用。

韩国人的饮酒文化

피에르 선생님, 저는 한국 사람들하고 술 마시는 것(喝酒)이 정말 좋아요. 한국 사람들의
건배(干杯)도 재미있어요. 건배 표현(表达) 좀 가르쳐 주세요.

한공주 음… '위하여'를 가장 많이 말해요. 위하여 是 위하다 的变化形式。위하다 的意思
是"为了，为着"。因此，欢呼或者为谁加油的时候，我们可以说 위하여 或者是(某
事)을 / 를 위하여。这个句式可以用来表达对彼此的祝愿，比如说: 건강(健康)、성공
(成功)，或者是 우리의 사랑(我们的爱情)等。

피에르 와우! 재미있어요. 그런데 한국 사람들은 술을 너무 많이 마셔요.

한공주 맞아요. 在韩国日常生活中，很多情况下都要喝酒。高兴的时候，我们喝酒; 难过的
时候，我们也喝酒。祝贺某人的时候，我们喝酒; 安慰、劝藉某人的时候，我们还
喝酒。另外，在喝酒的时候，我们还会从一个地方换到另一个地方继续喝，我们把
这样连续喝的情况叫做 1차、2차、3차 等等。

피에르 在韩国，我的酒量越来越大了。

한공주 그럼, 피에르 씨 술고래예요?

피에르 술고래가 뭐예요?

한공주 고래 指的是"鲸鱼"。술고래 的意思是指一个很有酒量的人。

피에르 와우 재미있어요. 맞아요. 저도 술고래예요.

한공주 피에르 씨, 考虑到你的身体健康，还是要少喝点酒。요즘 한국에도
"少量饮酒" 캠페인이 있어요.

잘 부탁드립니다. 请多多关照!

学习目标 ㅣ 在正式场合下的表达
韩国文化 ㅣ 郑重而礼貌的表达方式

 ## 情景对话　片段 30

1 **玛丽在面试，做自我介绍。**

안녕하십니까?①	大家好！
제 이름은 마리입니다.	我叫玛丽。
저는 캐나다 사람입니다.	我是加拿大人。
카이스트에서 공부하고 있습니다.	(我)在KAIST学习。

저는 한국 문화에 관심이 많습니다.　　　我对韩国文化很感兴趣。

저는 이 회사에서 일하고 싶습니다.　　　我希望能在贵公司工作。

기회를 주시면 최선을 다하겠습니다.　　　如果给我机会的话，
　　　　　　　　　　　　　　　　　　　我一定会尽最大的努力。

2 巴特见到一位在三星公司工作的人。

안녕하십니까?　　　　　　　　　　　您好！

삼성전자 부장 김민석입니다.　　　　我是三星电子的部长金民硕。

제 명함입니다.②　　　　　　　　　　这是我的名片。

만나서 반갑습니다.　　　　　　　　见到您很高兴。

잘 부탁드립니다.③　　　　　　　　请多多关照。

词汇及表达

문화 文化　**-에 관심이 많다** 对~很感兴趣　**기회** 机会

최선을 다하다 尽全力　**부장** 部长　**명함** 名片

반갑다（看到某人）高兴　**부탁하다** 拜托

对话说明

● **对话深入扩展**

① **안녕하십니까?**

在韩国语里，有很多种收尾方式。其中 –(스)ㅂ니다 / –(스)ㅂ니까
是一个郑重、礼貌的收尾方式，用在诸如会议或者军事等正式场
合中。

② **제 명함입니다.**

명함 指的是 "名片"。在正式场合下第一次遇见某人的时候需要互换
名片。

③ **잘 부탁드립니다.**

부탁하다 的意思是 "拜托"，부탁드리다 是它的敬语形式。于是，잘
부탁드립니다 的意思就是 "感谢 / 拜托(某人的帮助或者协助)"。

语法说明

● 郑重而礼貌的收尾方式

这种方式通常用于郑重或者正式的场合，诸如开会、演讲、新闻报道或者在军队里。

	陈述句	疑问句	命令句	祈使句
元音 ＋	－ㅂ니다	－ㅂ니까	－십시오	－ㅂ시다
辅音 ＋	－습니다	－습니까	－으십시오	－읍시다
元音 ＋ 尊敬词尾 시	－십니다	－십니까	－십시오	－십시다
辅音 ＋ 尊敬词尾 시	－으십니다	－으십니까	－으십시오	－으십시다

• 감사합니다.	感谢！
• 고맙습니다.	谢谢！
• 죄송합니다.	对不起！
• 괜찮습니다.	没关系。
• 실례합니다.	打扰一下。
• 좋습니다.	好。
• 잠깐 기다려 주십시오.	请稍等。
• 천천히 말씀해 주십시오.	请慢点儿说。

- 한국말 모릅니다.　　　　　不懂韩国语。
- 한국말 못 합니다.　　　　　不会说韩国语。
- 영어 하십니까?　　　　　　会说英语吗?
- 이것이 무엇입니까?　　　　这是什么?⓵

⓵ 이게 뭐예요? 是 이것이 무엇입니까? 的变化形式。后者用来表示郑重，是礼貌的表达方式。而在日常生活中，常使用 이게 뭐예요?

이것이 → 이게 这个

그것이 → 그게 它

저것이 → 저게 那个

무엇이 / 을 → 뭐 什么

● 动词词干 + 고 있다 : 正在~

用于表达某一动作正在进行或持续。

- 한국어를 공부하고 있습니다.　　正在学习韩国语。
- 지금 회의하고 있습니다.　　　　正在开会。
- 요즘 서울에서 살고 있어요.　　最近住在首尔。

词汇扩充

직위 公司职位

趣味插曲

令人混淆的韩国语表达

巴特和根硕在一家餐厅，正要开始吃东西。

바 트　잘 먹었습니다.

근 석　네? 바트 씨, '잘 먹었습니다'???

바 트　아, 아니요! 잘 먹겠습니다!

　　　我总是分不清 잘 먹겠습니다 和 잘 먹었습니다。

근 석　겠 指的是将来，而 었 在词典里，指的是过去。

바 트　이제 잘 알겠습니다(现在我明白了)!

郑重而礼貌的表达方式

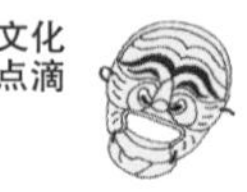

피에르　근석 씨, 你服完军役了吗?

근 석　네. 물론이에요.

피에르　在韩国的军队里，不使用 −요 这种形式，对吗?

근 석　네 맞아요. 因为还有一个比 −요 更清楚的命令方式，就是 −습니다 & −습니까，这样才能够严格区分出各个级别之间的不同。

피에르　아, 그렇군요. 韩国语的郑重、礼貌的表达方式太难了，都让人觉得害怕。

근 석　尽管如此，最好也要熟知这些表达。要知道，在一定的场合下，使用 −습니다 & −습니까 是一种必要的礼仪。

피에르　알겠습니다! 하하하……

근 석　좋습니다! 하하하……

학생 식당은 싸고 맛있어요. 学生食堂又便宜又好吃。

学习目标 | 复句表达
韩国文化 | 韩国人的情

 ## 情景对话　片段31

1 根硕问玛丽学生食堂怎么样。

근 석	어디에서 점심 식사 해요?	在哪里吃午饭?
마 리	학생 식당에서 해요.	在学生食堂。
근 석	학생 식당 어때요?	学生食堂怎么样?
마 리	학생 식당은 싸고 맛있어요.①	学生食堂又便宜又好吃。

2 瑜娜问宽子韩国语怎么样。

| 유 나 | 한국어가 어때요? | 韩国语怎么样? |
| 히 로 | 재미있는데 어려워요. | 有意思，但是难。 |

3 阿香问皮埃尔为什么迟到。

호 엉	오늘 왜 늦었어요?	今天为什么迟到了?
피에르	알람이 고장 나서 늦게 일어났어요.②	闹钟坏了，所以起床晚了。
	알람을 고쳐야 돼요.	我得修修闹钟。

4 韩公主问苗苗在韩国过得怎么样。

한공주	묘묘 씨, 한국 생활이 어때요?	苗苗，在韩国过得怎么样?
묘 묘	아주 즐거워요.	非常快乐。
한공주	힘들지 않아요?	不觉得累吗?
묘 묘	좀 힘들어도 선생님 덕분에 행복해요.	尽管有点儿累，但是多亏老师的帮助，过得很幸福。
한공주	제 도움이 필요하면 언제든지 연락하세요.	需要我帮忙，随时联系我。

词汇及表达

학생 식당 学生食堂　**알람** 闹钟　**고장 나다** 坏，出故障
늦게 晚　**일어나나** 起床　**고치다** 修理　**즐겁다** 快乐，愉快
힘들다 难，累　**–덕분에** 多亏　**행복하다** 幸福　**도움** 帮忙
언제든지 随时；不管什么时候　**연락하다** 联系

对话说明

● **对话深入扩展**

① **학생 식당은 싸고 맛있어요.**

싸고 맛있어요 是 싸요 그리고 맛있어요 的缩略形式。通过这种变化，可以很简单地将两句话连接成一句话。类似于这样的连接形式，我们将在本课概括与总结。

② **알람이 고장 나서 늦게 일어났어요.**

고장 나다 的意思是"坏，出故障"，늦게 的意思是"晚"，일어났어요 的意思是"起床"。连在一起，알람이 고장 나서 늦게 일어났어요 的意思就是"闹钟坏了，所以起床晚了"。

语法说明

● **复句：用词尾来连接两句话**

使用下列连词，可以将两句话组合成一句话。

1) 그리고 → -고 : 而且, 并且

- 학생 식당은 싸요. 그리고 맛있어요.　学生食堂很便宜，而且很好吃。

  → 학생 식당은 싸고 맛있어요.　学生食堂又便宜又好吃。

- 그 여자는 예뻐요. 그리고 착해요.　她很漂亮，而且很善良。

  → 그 여자는 예쁘고 착해요.　她又漂亮又善良。

2) 그렇지만 / 하지만 → -지만 : 但是, 然而

- 그 식당은 맛있어요. 그렇지만 비싸요.　那家餐厅很好吃，但是很贵。

  → 그 식당은 맛있지만 비싸요.　→ 那家餐厅是好吃，但是很贵。

- 한국어는 재미있어요. 하지만 어려워요.　韩国语有意思，但是难。

  → 한국어는 재미있지만 어려워요.　→ 韩国语虽然有意思，但是难。

3) 그런데 → -ㄴ데 / -은데 / -는데 : 可是, 不过

- 그 식당은 비싸요. 그런데 맛있어요.　那家餐厅很好吃，但是贵。

  → 그 식당은 비싼데 맛있어요.　那个食堂虽然贵，但好吃。

- 친구가 많아요. 그런데 다 미국에 있어요. 有很多朋友。可是都在美国。

→ 친구가 많은데 다 미국에 있어요.　　朋友很多，不过，都在美国。

· 그 영화는 재미있어요. 그런데 너무 길어요.　那部电影有意思。可是太长了。

→ 그 영화는 재미있는데 너무 길어요.　　那部电影虽然有意思，不过太长了。

4) 그래서 → -아 / -어 / -여서 : 所以, 于是❶

· 배가 아파요. 그래서 점심을 안 먹었어요.　肚子疼。所以，没吃午饭。

→ 배가 아파서 점심을 안 먹었어요.　　肚子疼，所以没吃午饭。

· 내일 시험 봐요. 그래서 공부해야 돼요.　明天考试。所以得学习。

→ 내일 시험 봐서 공부해야 돼요.　　明天考试，所以(我)得学习。

5) 그러면 → -(으)면 : 如果, 那么……

· 시간이 있어요. 그러면 연락하세요.　　(你)有时间，那么联系我。

→ 시간이 있으면 연락하세요.　　如果你有时间，就联系我。

· 음악을 들어요. 그러면 행복해요.　　听音乐，那么，就幸福。

→ 음악을 들으면 행복해요.　　听音乐，就幸福。

6) 그래도 → -아 / -어 / -여도 : 即使那样, 也……

· 아파요. 그래도 공부해야 돼요.　　(我)不舒服。即使那样也得学习。

→ 아파도 공부해야 돼요.　　即使不舒服，也得学习。

· 이 가방이 비싸요. 그래도 사요.　　这包贵。即使那样，也要买。

→ 이 가방이 비싸도 사요.　　　　　　即使这包贵，也要买。

7) 그러니까 → -(으)니까 : 所以，正因为如此
(表示更明确的因果关系)❷

· 이 가방이 비싸요. 그러니까 안 사요.　　这个包贵，所以，不买。

→ 이 가방이 비싸니까 안 사요.　　　　因为这个包贵，所以不买。

· 지금 회의 중이에요.　　　　　　　　现在在开会。

  그러니까 나중에 전화할게요.　　　　所以过一会儿给你打电话。

→ 지금 회의 중이니까 나중에 전화할게요. 因为正在开会，一会儿打给你。

❶&❷

在回答问题时，通常使用 -아 / -어 / -여서。而在命令句或者祈使句，-(으)니까 使用的更多一些。

词汇扩充

★★★☆☆

인물 묘사 人物描写

가난하다

贫穷

부자이다

有钱人，是富人

뚱뚱하다

胖，肥胖

날씬하다

苗条

키가 크다

个子高

키가 작다

个子矮

잘생겼다

英俊，帅

머리가 길다

头发长

똑똑하다

聪明

착하다

善良，好，乖

趣味插曲

玛丽的心意表白

根硕问玛丽，心目中的理想型男朋友是什么样的。因为他想要成为那种男孩儿。

근 석　마리 씨, 어떤 남자 좋아해요?

마 리　잘생기고 착한 남자가 좋아요.❶

근 석　이 세상에(在这个世界上) 잘생기고 착한 남자는 없어요.

마 리　아니요. 있어요.

근 석　그런 남자가 어디에 있어요?

마 리　여기 있어요. 근석 씨예요.

　　　　근석 씨가 제 이상형(白马王子)이에요.

근 석　아~ 행복해요.

(-을 / -를) 좋아해요 : 喜欢~

(-이 / -가) 좋아요 : ~很好

착한 남자를 좋아해요. 喜欢善良的男人。

착한 남자가 좋아요. 我喜欢善良的男人。 / 善良的男人很好。

韩国人的情

한공주　现在让我们聊一聊关于 한국 的印象。谁先来？

묘 묘　저요!

한공주　묘묘 씨, 말해 보세요.

묘 묘　我在 한국 时，我从韩国人身上感受到了很多的 정(情)。大多数的 한국 사람 都有着一种很特殊的情。比如说，在 버스 上，老人给小孩子 캔디; 식당 主人给外国人提供特别的服务; 하숙집(寄宿家庭)的主人待我就像她的 딸 一样，还有，한국 친구 竭尽所能地来帮助我。另外，我向 한국 사람 问路的时候，他们还一直把我送到目的地。我听说所有的这些都被称做 정。저도 한국에 정이 들었어요(我也对韩国产生了感情)。그래서 한국에서 오래오래(长久地，长期地) 살 거예요.

索引

색인

1. 词汇 어휘

ㄱ

가구 家具 251
가끔 偶尔, 有时, 间或 276, 282
가다 去 148
가로수길 林荫路 107
가르치다 教, 教授 212
가방 包 072, 081
가수 歌手 060, 192
가을 秋天 197
가족 家人, 家族 094, 225
간호사 护士 060
갈비 排骨 090
갈비탕 排骨汤 090
갈아타다 换乘 238
감 柿子 139
갑자기 突然 282
강남 江南 106
강사 讲师 060
강의실 教室, 讲堂 097
같이 一起 111
개 个 134
개천절 开天节; 建国日 123
거울 镜子 251
걸리다 花, 需要(时间) 229
검은색 黑色 271
겨울 冬天 197
결혼하다 结婚 255, 260
경비(원) 警卫(员) 103
경찰 警察 060
경찰서 警察署, 警察局 099
경희대 庆熙大学 221
고대역 高丽大学站 229
고모 姑姑, 姑母(爸爸一方) 225
고백하다 告白, 表白 260

고속버스 터미널 客运站; 高速大巴终点站 107
고장 나다 坏, 出故障 312
고추장 辣椒酱 169, 276
고치다 修理 312
골프 高尔夫 197
곱다 好看, 俏丽 176
공부하다 学习 149
공원 公园 099, 143
공책 / 노트 笔记本 052
과일 水果 139, 169
과장 科主任, 科长 308
광고 广告 130
광복절 光复节; 独立纪念日 123
광화문 光化门 106
교수 教授 060, 212
교수님 教授(敬称) 212
교회 教会 099
구두 皮鞋 081
국 汤 090
군인 军人 060
귤 橘子 139
그래서 所以, 因此 247
그럼 那么; 那样的话; 好吧 072, 103
극장 剧院 154
근처 附近 265
금요일 星期五 159
기대되다 (被)期待, (被)期望 276
기대하다 期待, 期望 276
기숙사 宿舍 097
기자 记者 060
기차 火车 233
기회 机会 304
길다 长 271
김 紫菜 168
김밥 紫菜包饭 085, 090, 168
김치 泡菜 090

김치찌개 泡菜汤	090	
까맣다 黑	269	
−까지 到……为止	202	
꽃 花	224, 251	
꽃집 花店	099	
끝나다 结束	154	

ㄴ

나라 国家	056
나쁘다 坏, 不好	178
나중에 以后	282
낚시 钓鱼	291
낚시하다 钓鱼	287
날씬하다 苗条	317
남대문 시장 南大门市场	106
남동생 弟弟	225
남부터미널역 南部客运站, 南部高速终点站	238
남산 南山	103, 106
남색 蓝色, 深蓝色	271
남자 男人, 男性	064
남자 친구 男朋友	064
내다 交	202
내리다 下车	238
내일 明天	143
냉면 冷面	090
너무 太, 过分	265, 282
넓다 宽	271
넣다 放	276
년 年	255
노란색 黄色	271
노래 歌, 歌曲	192
노래 부르다 唱歌	287
노래방 歌厅, 练歌房, 卡拉OK	098, 202
노트북 笔记本电脑	052
녹차 绿茶	068
농구 篮球	197

누구 谁	154, 216
누구 거 谁的	212
누구하고 和谁	154
누나 姐姐	225
누르다 按(键盘); 输入	287
눈 眼睛	300
뉴스 新闻, 消息	130
뉴질랜드 新西兰	045
늦게 晚	282, 312

ㄷ

다르다 不同	270
다리 腿	300
다음 下一个	221
다음에 下次, 以后	202
다이어트하다 减肥	149
다큐멘터리 纪录片, 纪实片	130
달다 甜	178
닭갈비 烤鸡排	090
닭고기 鸡肉	169
담배 烟	296
담배 피우다 抽烟, 吸烟	296
대단하다 厉害, 了不起	276
대리 代理	308
대만 사람 台湾人	215
대사관 大使馆	099
대전 大田	229
대학로 大学路	106
더 更; 再	202
−덕분에 多亏	312
덕수궁 德寿宫	238
덥다 热(天气)	271
데리고 가다 带某人去	287
데이트하다 约会	149, 259
도서관 图书馆	094, 099
도움 帮忙	312

독서 读书	291	
독일 德国	045	
돈 钱	247	
돌아가다 返回	255	
돕다 帮助	176	
동대문 시장 东大门市场	106	
동안 期间, 时间	287, 290	
돼지고기 猪肉	169	
된장찌개 大酱汤	090	
두부 豆腐	169	
뒤 后, 后面	224	
드라마 电视剧, 连续剧	130	
드시다 吃, 喝	296	
듣다 听	148	
등산 爬山, 登山	291	
등산하다 爬山, 登山	287	
디지털카메라 数码相机	052	
디카 (디지털카메라 的缩写) 数码相机	221	
따뜻하다 暖和, 温暖	178	
딸기 草莓	139	
떡볶이 炒年糕	169	
똑똑하다 聪明	318	
뚱뚱하다 胖, 肥胖	317	
뜨겁게 热, 热烈地	282	
뜨겁다 热(物体)	271	

ㄹ

라면 方便面	168	
러시아 俄罗斯	045	
레몬 주스 柠檬汁	064	
로맨틱 코미디 浪漫喜剧	197	
로미오와 줄리엣 罗密欧与朱丽叶	247	
로션 乳液	251	
롯데월드 乐天世界	107	
리포트 报告书	202	
리포트 내다 交报告	207	

리포트 쓰다 写报告	161	

ㅁ

마시다 喝	149	
막걸리 米酒	068	
만나다 见面	148	
만두 饺子	168	
많이 多, 不少	276, 282	
맛없다 无味, 不好吃	178	
맛있다 美味, 可口, 好吃	178	
맞다 正确, 对	111	
매우 很, 十分(书面语)	282	
매일 每天	282	
맥주 啤酒	068, 085	
맵게 辣	282	
맵다 辣	173, 178	
머리 头, 头发	296, 300	
먹다 吃	148	
멋있다 美好, 帅, 英俊	178	
메론 甜瓜; 哈密瓜	139	
멕시코 墨西哥	045	
멜로영화 爱情片	197	
며칠 几号, 几日	118	
명동 明洞	106	
명함 名片	304	
몇 几, 多少	111, 217	
몇 월 几月	118	
모두 都, 全都	282	
모자 帽子	072, 081, 251	
목 脖子; 嗓子	296, 300	
목요일 星期四	159	
못 不能	202, 276	
못하다 不会; 不(能)~; 逊色; …不了	276	
무슨 什么	183	
무척 特别	282	
문화 文化	304	

물 水 068
뭐 什么 049, 216
뮤지컬 音乐(喜)剧 183, 186
미국 美国 045
미술관 美术馆 238, 247

ㅂ

바나나 香蕉 139
바쁘다 忙碌, 忙 178, 202
바지 裤子 251
-박 -일 ~天~夜 287
박물관 博物馆 154
반갑다 高兴 304
반 고흐 梵高 238
반찬 小菜 169
받다 收到 255
발 脚 300
발레 芭蕾(舞) 187
발표하다 发表 207
밥 米饭 090, 168
방학 (学校)放假; 假期 287
배 梨 139
배 船, 轮船 233
배 肚子, 腹部 202
배구 排球 197
백화점 百货商店 098
버스 公共汽车, 巴士 229, 233
버스로 坐公共汽车 229
버터 黄油, 奶油 169
번 号 111, 137
번호 号码 111
벌써 已经 282
벨트 腰带 081, 247
변호사 律师 060
병 瓶 085, 134
병원 医院 099

보내다 邮寄, 发送 202
보다 看 148
보라색 紫色 271
보쌈 菜包白切肉 090
보통 通常, 一般 165, 276, 282
복숭아 桃子 139, 276, 282
볶음밥 炒饭 168
봄 春天 197
부대찌개 火腿泡菜汤 090
부모님 父母 225
부사장 副总经理 308
부장 部长 308
북촌 한옥마을 北村韩屋村 106
북한산 北汉山 287
분 分, 分钟 127
-분 ~位(敬称) 212
불고기 (韩式)烤肉 085, 090
불친절하다 不亲切 178
불편하다 不舒服, 不自在 178
브라질 巴西 045
비누 肥皂 251
비빔밥 拌饭 085, 090
비서 秘书 308
비싸다 贵, 奢华 178
비행기 飞机 233
빅뱅 Big Bang(韩国人气男生组合) 041
빌리다 借 221
빠르다 快 270
빨간색 红色 271
빨리 快, 赶快 282
빵 面包 168
빵집 面包房, 面包店 099

ㅅ

사과 苹果 139
사다 买 247

사람 人 041
사람 구경하다 看人; 看热闹 287
사랑하다 爱 259
사무실 办公室 099
사물놀이 四物游戏（韩国传统打击乐器四重奏） 186
사이다 汽水 068
사장 总经理 308
사촌 堂兄弟; 堂姐妹 225
산책 散步 291
삼겹살 五花肉 090, 183
삼계탕 参鸡汤 090
삼일절 三一节（三·一运动纪念日） 123
삼청동 三清洞 106
삼촌 叔叔 225
샌드위치 三明治 168
샐러드 沙拉 169
생기다 有; 发生 255
생맥주 生啤（酒） 068
생선 鱼 168
생일 生日 118
샴페인 香槟（酒） 068
샴푸 洗发香波 251
서울역 首尔站 106, 229
서점 书店 099
석가탄신일 佛诞节; 释迦牟尼诞辰日 123
선물 礼物 265
선생님 老师 059
설날 (传统)春节 123
설렁탕 牛杂碎汤 090
성당 (天主教)教堂 099
세우다 停车 221
셔틀버스 班车 238
소개받다 被介绍 259
소고기 牛肉 169
소녀시대 少女时代（韩国少女组合） 192
소방서 消防队 099

소주 烧酒 068
소포 包裹 202
소포로 以包裹的方式 202
손 手 300
손수건 手绢, 手帕 081
쇼핑하다 逛街, 购物 149, 247
수박 西瓜 139
수업 课 127
수영 游泳 276
수영장 游泳池, 游泳馆 099
수영하다 游泳 276
수요일 星期三 159
수첩 笔记本, 手册 251
숙제하다 做作业 207
순대 米肠 169
순두부찌개 豆花汤 090
술 酒 296
술집 酒吧, 酒馆 099
쉬다 休息 161, 296
쉽다 容易 270
슈퍼마켓 超市 099
스위스 瑞士 030
스카프 围巾 251, 265
스키 滑雪 197
스타킹 长筒袜, 高筒袜 251
스터디하다 小组学习 207
스파게티 意大利面 169
스페인 西班牙 045
스포츠중계 体育转播 130
슬리퍼 拖鞋 224, 251
슬프다 难过, 伤心 271
시 点 127
시간 小时 255
시계 闹钟; 手表 081, 255
시끄럽다 吵闹, 嘈杂 271
시작하다 开始 154

시장 市场	099
시청 市厅	106, 238
시트콤 情景剧	130
시험 考试	202
시험 보다 参加考试	208
식사하다 吃饭, 进餐	149, 165
신발 鞋	081
신촌 新村	106, 229
신호 信号灯, 红绿灯	221
싸다 便宜	178
쓰다 写	202, 207
쓰다 使用, 用	221
씨 先生, 女士, 小姐	056

ㅇ

아까 刚才	282
아래 下, 下面	224
아르바이트하다 打工	208
아름답다 美丽, 美好	178
아메리카노 美式咖啡	068, 134
아버지 父亲	225
아빠 爸爸	225
아주 很, 非常	165, 282
아직 还, 尚	282
아침 早上; 早饭	165
아프다 生病, 不舒服	178, 202, 296
안경 眼镜	081
안국역 安国站	238
안주 下酒菜	169
알다 知道	111
알람 闹钟	312
압구정 狎鸥亭	107
앞 前面	103, 224
앞머리 刘海	296
액션영화 动作片, 武打片	197
야구 棒球	197

약 药	296
약국 药店	099, 103
약사 药剂师	060, 296
약속 约定, 约会	127
약혼하다 定婚	260
양말 袜子	251
어깨 肩膀	300
어느 哪, 什么	056, 192, 217
어디 哪儿, 哪里	094, 216
어떤 什么样的, 哪种	192, 217
어떻게 怎么样, 怎么	229
어렵다 难, 困难	270
어린이날 儿童节	123
어머니 母亲	225
어제 昨天	247
언니 姐姐	225
언제 什么时候, 何时	216
언제 什么时候	276
언제나 无论什么时候; 总是	282
언제든지 随时, 不管什么时候	312
얼굴 脸	300
얼마 多少	072, 217
얼마 동안 多长时间	287
얼마나 多么, 多少	229
엄마 妈妈	225
없다 没有~	064
–에 관심이 많다 对~很感兴趣	304
–에서 在~	145
–에서 –까지 从~到~	229
엠피스리 MP3	049, 052
여기 这儿	072
여동생 妹妹	225
여름 夏天	197, 287
여자 女人, 女性	064
여자 친구 女朋友	064
여행 旅行	072

여행 가방 旅行包	072	우리 我们, 咱们	154, 183
여행하다 旅行, 旅游	149	우산 雨伞	081, 251
연극 演戏, 话剧	186	우유 牛奶	068
연락하다 联系	312	운동선수 运动员	060
연습하다 练习	287	운동장 操场, 运动场	099
연필 铅笔	052	운동하다 运动, 锻炼	143, 149
열심히 努力, 认真	202	운동화 运动鞋	081
영국 英国	045	원 元, 块	072
영어 英语	212	월 月	118, 137
영화 电影	130	월드컵 공원 世界杯公园	106
영화배우 电影演员	060	월요일 星期一	159
옆 旁边	221	위 上, 上面	221, 224
예쁘다 漂亮, 好看	178	위스키 威士忌	068
예술의 전당 艺术殿堂	107, 238	유에스비 U盘	049, 052
예약하다 预约	296	-(으)로 用~, 以~, 向~	238
오늘 今天	118	은행 银行	247
오다 来	149	음력 农历	123
오락 방송 娱乐节目	130	음료수 饮料, 饮品	085
오렌지 橙子	139	음식 食物, 食品	168, 173
오렌지 주스 橙汁	064, 068	음악 音乐	192
오른쪽 右边	103, 224	음악 감상 音乐欣赏	291
오빠 哥哥	225	음악 듣다 听音乐	161
오전 上午	127, 154	음악 방송 音乐节目	130
오토바이 摩托车	233	응급차 救护车, 急救车	233
오페라 歌剧	186	의사 医生	059
오후 下午	127	의자 椅子	052
올림픽 공원 奥林匹克公园	107	이것 这个	202
와인 葡萄酒	068	이게 这, 这个	049
완전 真的, 完全	282	이따가 等一会儿	282
왜 为什么	212, 216	이름 名字	056
왜냐하면 因为	212	이만큼 这些	296
외출하다 出去, 外出	265	이모 姨母(妈妈一方)	225
왼쪽 左边	103, 224	이야기하다 聊天, 谈话	149
요리사 厨师	059	이집트 埃及	045
요리하다 做菜	161	이탈리아 意大利	045
요즘 最近	143	이태원 梨泰院	106, 238

인도 印度 045

인분 人份 085

인사동 仁寺洞 106, 238

인삼차 人参茶 068

일 号, 日 118

일본 日本 045

일어나다 起床 160, 312

일요일 星期天, 星期日 159

일찍 早 282

일하다 工作 149

읽다 读 207

입 嘴巴, 嘴 300

있다 有~ 064

ㅈ

자르다 剪 296

자전거 自行车 233

자주 常常 276, 282

작년 去年 255

작다 小 270

잔 杯 134

잘 好 265

잘 못 하다 不太会做(某事) 276

잘생겼다 英俊, 帅 318

잘하다 擅长; 做好 276

잠실 蚕室 107

재미없다 没意思 178

재미있다 有意思 173, 178

잼 果酱 169

저 那 212

저기 那儿 094, 202

저녁 晚上; 晚饭 165

저도 我也~ 192

전시회 展示会, 展览 238, 247

전에 ~之前 257

전화번호 电话号码 111

전화하다 打电话 148

절 (佛教)寺院 099

점심 中午; 午饭 165

정말 真的 276, 282

정문 正门 183, 221

제 我的 118

제 거 我的 212

제가 我(主语) 183

제주도 济州岛 287

조금 一点儿 154, 282, 296

조깅 慢跑 291

조용하다 安静 271

조카 侄子, 侄女 225

좀 请; 稍微, 一点儿 173, 276

좁다 窄 271

종로 钟路 106

종종 常 276, 282

좋다 好 178

좋아하다 喜欢 165, 192

좌회전하다 左转 221

주말 周末 287

주부 主妇 060

주일 周, 一周 255

주황색 橘黄色 271

중국 中国 045

즐겁다 愉快, 快乐 312

지갑 钱包 081, 247

지금 现在 127

지난 上个 255

지난달 上个月 255

지난주 上周 255

지우개 橡皮 052

지하철 地铁 229, 233

지하철로 坐地铁 229

지하철역 地铁站 221

직업 职业 056, 059

진짜 真, 真的 282
집 家 099
짜다 咸 178
짜장면 炸酱面 169
짧다 短 271
쭉 (一)直 103
一쯤 大约, 大概 229
찌개 韩式炖汤 090
찜질방 桑拿浴室(韩式桑拿浴) 098

ㅊ

차 茶 068
차갑게 凉, 冰冻 282
차다 冷, 凉(物体) 271
착하다 善良, 好, 乖 318
참 真(用于感叹) 282
참외 甜(香)瓜 139
찾다 取, 找 247
채소 蔬菜 139, 169
책 书 052
책상 书桌, 桌子 052, 221
처음 第一次 282
천천히 慢慢地 282
청계천 清溪川 106
청담동 清潭洞 107
청혼하다 / 프러포즈하다 求婚 260
체육관 体育馆 099
초록색 绿色 271
최선을 다하다 尽全力 304
추석 中秋节 123
축구 足球 197
축하하다 祝贺 118
춤추기 跳舞 291
춥다 冷(天气) 271
취직하다 就业, 就职; 找工作 183
치약 牙膏 251

치즈버거 芝士汉堡包 134
친구 朋友 064, 143
친절하다 亲切, 热情 173
친척 亲戚 225
칠판 黑板 052
침대 床 251
칫솔 牙刷 251

ㅋ

카이스트 KAIST(韩国科学技术院) 221
카페 咖啡厅 098
카페라테 牛奶咖啡, 拿铁咖啡 068, 134
카푸치노 卡布奇诺 064, 068
칼국수 韩式刀削面 090
캐나다 加拿大 041, 045
커트하다 剪发 296
커플 情侣 212
커피 咖啡 068
컴퓨터 电脑, 计算机 052
컴퓨터 하다 用电脑 149
케이크 蛋糕 168
코 鼻子 300
코미디 喜剧 130
코엑스 会展中心 107
코코아 / 핫초코 巧克力热饮 068
콘서트 演唱会, 音乐会 187
콜라 可口可乐 068, 134
퀴즈쇼 猜猜看, 知识竞赛 130
크다 大 178, 270
크리스마스 圣诞节 123

ㅌ

타다 坐, 乘坐 238
타세요 请坐 229
택시 出租汽车 233
테니스 网球 197

테니스 치다 打网球	154	
토론토 多伦多	094	
토마토 西红柿	139	
토스트 烤面包, 吐司	169	
토요일 星期六	154, 159	
토크쇼 脱口秀	130	
튀김 油炸(食品)	169	
트럭 货车, 卡车	233	

ㅍ

파란색 蓝色	265, 271	
파랗다 蓝	269	
파티하다 开宴会, 开派对	149	
팔 胳膊	300	
팬 粉丝, 追星族	41, 192	
팬클럽 粉丝俱乐部	192	
펜 笔; 钢笔	052	
편의점 便利店	099	
편하다 舒适, 安逸	178	
포도 葡萄	139	
포장하다 打包装	202	
푹 沉, 酣	296	
프랑스 法国	045	
피곤하다 疲劳, 困倦	178	
피자 比萨饼	168	
필리핀 菲律宾	045	
필요 없다 不需要, 不必	165	
필요하다 需要	165	
필통 铅笔盒, 笔筒, 笔袋	052	

ㅎ

-하고 和	134, 138, 154	
-하고 -사이에 在~和~之间	221	
하나 一个	085	
하숙집 寄宿家庭	103	
하얏트 호텔 凯悦酒店	103	

하얗다 白	269	
한글날 韩文节	123	
하와이 夏威夷	287	
학교 学校	143	
학생 学生	041, 059	
학생 식당 学生食堂	312	
학원 学院, 补习班	099	
한 달 一个月	255	
한 시간 一个小时	255	
한강 汉江	106	
한국 韩国	041, 045	
한국어 韩国语	127	
한식 韩国料理	165	
한턱내다 请客	183	
할머니 奶奶	225	
할아버지 爷爷	225	
항상 总是, 经常	282	
햄버거 汉堡包	168	
행복하다 幸福	271, 312	
향수 香水	251	
헬리콥터 直升飞机	233	
현충일 显忠日	123	
형 哥哥	225	
호주 澳大利亚	045	
호텔 宾馆, 饭店, 酒店	097	
혹시 或许, 如果	282	
홍대 弘益大学	106, 221	
화요일 星期二	159	
화장실 卫生间, 洗手间	094, 097	
화장품 化妆品	251	
회기역 回基站	238	
회사 公司	099	
회사원 公司职员	060	
회원 会员	192	
회의 会议	127	
회의하다 开会	208	

휴가 (公司)休假　287
휴대폰 手机　081
휴일 节假日　123
휴지통 纸桶, 纸篓　052
흰색 白色　271
힘들다 难, 累　312

기타

1호선 1号线　238
GEE 少女时代主打歌　192
K-Pop 韩国流行音乐　192
KTX 韩国高速列车(高速铁路)　229, 233
SF영화 科幻片　197

2. 表达 표현

가르쳐 주세요 请教教我　276
가족이 어디에 있어요? (你)家人在哪儿?　094
감사합니다 感谢, 谢谢　072
고마워요 谢谢　111
고맙습니다 谢谢　306
괜찮습니다 没关系　306
그래요? 是吗?　118
그렇군요 我知道了 / 原来如此　192
담배 피우지 마세요 请不要吸烟　296
돈이 하나도 없어요 一分钱也没有, 身无分文　247
만나서 반가워요 见到你很高兴　056
맛있게 드세요 请慢用!　134
맞아요? 对吗?　111
몰랐어요 不知道　118
물론이에요 当然　276
물어 보세요 问问　265
뭐 드릴까요? 要来点儿什么?　085
뭐 드시겠어요? (您)要吃点儿什么?　085

뭐 먹을까요? 吃点儿什么?　183
미안해요 抱歉; 对不起　118
비밀이에요 (这)是秘密　154
생일 축하해요 (祝你)生日快乐　118
시험 잘 보세요 祝你考好　276
실례합니다 对不起; 打扰一下　103, 306
안 맵게 해 주세요 要不辣的　085
안녕하세요 你好 / 你们好 / 您好 / 大家好　041
안녕히 가세요 再见(请走好)　041
안녕히 계세요 再见(请留步)　041
알겠어요 好的 / 知道了　085
알아요? 知道~?　111
어느 나라 사람이에요? 你是哪国人?　056
어디에 가요? (你)去哪儿?　094
어서 오세요 欢迎光临(快请进)　072
얼마예요? 多少钱?　072
-에서 가까워요 离~很近　238
여기 있어요 在这儿　072
여보세요 喂(电话用语)　111
영어 하십니까? 会说英语吗?　307
오늘 무슨 날이에요? 今天是什么日子?　118
오늘이 몇 월 며칠이에요? 今天几月几号?　118
오른쪽으로 가세요 右转　103
왜요? 为什么?　202
요즘 뭐 해요? 最近做什么?　143, 173
음료수는요? 要什么饮料?　085
어때요? ~怎么样?　173
(-을 / -를) 주세요 请给我~　064
이게 뭐예요? 这是什么?　049
이름이 뭐예요? 你叫什么名字?　056
있어요? (你)有~吗? / (这儿)有~吗?　064
자 来; 我看看; 好的　287
잘 먹겠습니다 很高兴接受你的邀请 / (那我就)不客气了　134
잘 먹었습니다 谢谢你的邀请 / 我吃好了　134
잠깐 기다려 주십시오 请稍等　306
저도요 我也一样　192

전화번호가 몇 번이에요? (你的)电话号码是多少?　111,113

제가 한턱낼게요 我请客　183

좀 가르쳐 주세요 请告诉我一下　111

좀 깎아 주세요 请便宜一点儿　072

좀 눌러 주세요 请按一下; 请输入一下　287

좋습니다 好　306

죄송합니다 抱歉, 对不起　064

-지 마세요 不要~; 别~　296

지금 몇 시예요? 现在几点?　127

지금 식사 못 해요 现在不能吃饭　202

직업이 뭐예요? 你是做什么工作的?　056

쭉 가세요 请直走　103

천천히 말씀해 주십시오 请慢点儿说　306

한국말 모릅니다 不懂国语　307

한국말 못 합니다 不会说韩国语　307

화장실이 어디에 있어요? 卫生间在哪儿?　103

魔幻韩国语

매직 코리안 1 中文版

2013년 10월 01일 1판 1쇄 박음 2013년 10월 09일 1판 1쇄 펴냄

지은이 곽상흔
펴낸이 김철종

편집이사 이선애
중국어 번역 리우 나(刘娜)
일러스트 성지현
마케팅 오영일 유은정 정윤정

펴낸곳 (주)한언
주소 서울시 종로구 삼일대로 453(경운동) KAFFE빌딩 2층
전화번호 02)793-3114 **팩스번호** 02)701-4449
전자우편 haneon@haneon.com **홈페이지** www.haneon.com
출판등록 1983년 9월 30일 제1-128호
ISBN 978-89-5596-672-5 13710